TINTA
DA
CHINA
ı brasil ı

RICARDO ARAÚJO PEREIRA

COISA QUE NÃO EDIFICA NEM DESTRÓI

SÃO PAULO
TINTA-DA-CHINA BRASIL
MMXXV

7
Advertência

11
Sobre isto

27
Sobre medo

43
Sobre xixi e cocó

53
Sobre cozinhar bebés

67
Sobre uma coisa importantíssima
que ninguém sabe bem o que é

83
Sobre moscas

93
Sobre bater em humoristas

109
Sobre políticos e palhaços

131
Sobre esses malandros

143
Sobre rir de tudo
e rir de nada

163
Sobre pugilismo

175
Sobre viagra espiritual

183
Sobre uma coisa engraçada
que me aconteceu a caminho
da sepultura

197
Sobre coisas leves
e pesadas

213
Sobre o meu corpo

221
Bibliografia

231
Crédito das imagens

235
Sobre o autor

ADVERTÊNCIA

Em *Coisa que não edifica nem destrói* fala-se desavergonhadamente de humor. Digo desavergonhadamente porque isto de um humorista falar do seu ofício é um passatempo que às vezes é escarnecido e até desaconselhado. A primeira frase da *História do riso e do escárnio*, de Georges Minois, é: "O riso é assunto demasiadamente sério para ser deixado aos cómicos". Ora, eu estou-me borrifando para as advertenciazinhas do Georges, e falo do que quiser. Mas, de facto, não falta quem ache esquisito que um humorista se entretenha a falar de humor, e parece-me que isso se deve a algumas expectativas que costumamos ter em relação ao humor e, por extensão, aos humoristas.

Não acontece o mesmo em outras áreas de actividade, muito pelo contrário. O que causa estranheza é que um músico, um pintor ou um realizador não tenham uma ideia sobre o que o seu trabalho deve ser. E um escritor que não saiba nada de literatura é — muito justamente — reputado de idiota. Mas, quando se trata de humor, considera-se que falar do assunto estraga uma espécie de magia, ou destrói aquela espontaneidade que está normalmente associada ao discurso humorístico. Convém não perder de vista que essa espontaneidade é, quase sempre, apenas aparente. E que é tanto mais persuasiva quanto melhor for fingida.

É como aquela célebre história do Dustin Hoffman e do Laurence Olivier. Hoffman tinha de interpretar uma personagem que não dormia há três dias, e então ficou a pé três dias e três noites. Laurence Olivier perguntou: "Porque é que não experimentas antes representar?". É realmente uma boa pergunta. Se para fazer de bêbado é preciso estar bêbado, o que é que distingue um actor de um bêbado? Com a espontaneidade acontece exactamente o mesmo: dizer a primeira coisa que nos vem à cabeça quase nunca dá melhor resultado do que fingir que se está a dizer a primeira coisa que nos vem à cabeça.

No fundo, o que quero dizer é que isto do humor tem tanto de místico como qualquer outra forma de escrita — ou de trabalho. Nada.

CAPÍTULO I

SOBRE ISTO

Em que o autor discorre chatamente sobre a evolução semântica da palavra "humor". Escreve nas línguas latina, francesa, inglesa e portuguesa, nenhuma delas correctamente. Faz referência a santo Isidoro de Sevilha, para gáudio de todos. Cita um longo excerto de um livro brasileiro. Num momento histórico, profere a palavra "sátrapa".

Isto é um livro de um chato monomaníaco cuja obsessão é o assunto que costumamos designar com as palavras humor, comédia, sátira, riso, etc. O facto de não conseguirmos definir convenientemente aquilo de que estamos a falar contribui para agravar a obsessão. Muita gente tem tentado produzir uma definição satisfatória de humor e falhado. Por isso, não vou perder tempo com uma definição complicada. Mas vou perder bastante tempo com várias definições simples. Ou talvez deva dizer mesmo simplistas. Pode ser que várias definições simplistas se reúnam para compor uma complicada. Cada uma diz qualquer coisa sobre parte do fenómeno, e todas juntas hão-de contribuir, ao menos, para uma aproximação.

Outro problema prévio, a que também não vamos dar atenção, é que nem todo o riso é humorístico, e nem todo o humor faz rir. O que me interessa é especificamente o riso humorístico, e por isso avanço com uma primeira definição muito incompleta de humor: trata-se de ordenar um conjunto de palavras de modo que, assim que acabamos de as proferir, elas conduzam uma audiência a produzir um determinado barulho. É muito incompleta porque nem sempre o humor se faz com palavras, mas quero começar por aqui. Os dois aspectos essenciais a reter são as palavras e o tal barulho, que é a expressão de um efeito agradável que aquelas palavras provocam. Ou seja, assim entendido, humor é uma coisa que se faz com a boca com o objectivo de proporcionar prazer a um número relativamente alargado de pessoas. Não admira que seja uma actividade desconsiderada por gente séria.

Receio que estejamos a divertir-nos demasiado, e por isso vou falar um bocadinho de etimologia, para serenar este entusiasmo. A palavra "humor" nem sempre teve o sentido que lhe damos hoje. Durante muito tempo, humor tinha apenas a acepção de fluido, serosidade, secreção, isto é, o significado que tem, por exemplo, na frase "durante o jogo de futsal, a virilha do Jorge segregou um humor abundante". Na Idade Média, se a palavra "humorista" significava alguma coisa, o mais provável é que designasse um médico especialista em endocrinologia, por causa da chamada teoria humoral. Santo Isidoro de Sevilha descreve assim a teoria, na sua célebre enciclopédia: "*Morbi omnes ex quattuor nascuntur humoribus…*". Se calhar vou citar em português, que é capaz de ser mais proveitoso. Diz ele:

> Todas as doenças têm a sua origem nos quatro humores, a saber: o sangue, a bílis, a melancolia e a fleuma. Do mesmo modo que são quatro os elementos, quatro

são também os humores, e a cada humor corresponde um elemento: o sangue representa o ar; a bílis, o fogo; a melancolia, a terra; a fleuma, a água. [...] O sangue e a bílis são a origem das doenças agudas [...]; a fleuma e a melancolia produzem doenças crónicas [...].*

Noutro ponto, santo Isidoro explica que a melancolia é a bílis negra, ou humor negro:

> A melancolia recebe o seu nome do sedimento negro do sangue misturado com abundância de bílis. Os gregos, ao negro chamam *mélan*, e bílis dizem *cholé*.

Daí, melancolia. Portanto, acreditava-se que, numa pessoa saudável, os quatro humores se encontravam nas proporções justas e equilibradas. Se um dos humores fosse produzido em excesso, a pessoa ficava doente.

Apesar de descartada cientificamente, ainda hoje as marcas desta teoria persistem na linguagem, e é por isso que dizemos de determinados indivíduos que

---

* Esta e as demais traduções que não estão creditadas no texto, em nota de rodapé ou na bibliografia são do próprio autor. (Nota da Edição Brasileira, daqui em diante apenas N.E.B.)

são biliosos, sanguíneos, melancólicos ou fleumáticos, consoante o seu temperamento. A que propósito vem isto? Já não me lembro. Mas, a certa altura — estou a ser tão preciso quanto posso —, a certa altura, os ingleses importaram a palavra francesa "humeur" e transformaram-na em "humour". E reclamam ter sido eles, os ingleses, a associar-lhe o novo significado de comicidade, graça, etc. Aliás, os ingleses reivindicam mais do que isso. Eles alegam que o humor é uma modalidade do cómico especificamente inglesa.

Hugh Blair — que, por acaso, era escocês — escrevia no século XVIII que "humor é, em grande medida, uma competência particular da nação inglesa". E apresentava, como possível justificação para esta idiossincrasia nacional, a natureza do sistema político inglês, que conferia uma liberdade irrestrita aos cidadãos, ao passo que, em França, segundo ele, se sentia a influência de uma corte despótica, a sociedade era mais hierarquizada, e observavam-se regras muito rígidas de boas maneiras e decoro. Por isso, dizia ele, "na Grã--Bretanha a comédia tem um campo mais amplo, e pode fluir muito mais livremente do que em França". Estas considerações — que, ao que parece, eram bastante comuns em Inglaterra — feriram o orgulho francês, como se nota, por exemplo, quando lemos o que o autor anónimo do verbete sobre humor da *Encyclopédie* escreveu. Começa assim:

> Humor, substantivo masculino. Os ingleses servem-se deste termo para designar um gracejo original, pouco comum e singular. Entre os autores dessa nação, ninguém teve humor em mais alto grau do que [Jonathan] Swift.

Mas mais à frente acrescenta-se:

> [O]s ingleses não são os únicos que têm humor. Swift inspirou-se fortemente nas obras de Rabelais e de Cyrano de Bergerac. As memórias do conde de Grammont estão cheias de humor, e podem ser consideradas uma obra-prima do género; e mesmo em geral este tipo de divertimento parece mais próprio do génio ligeiro e folgazão do francês do que da maneira de ser, séria e ponderada, dos ingleses.

Encontramos a mesma irritação na entrada que Voltaire escreveu sobre a língua para o *Dictionnaire philosophique*, quando refere que os franceses já usavam a palavra "humeur" com o sentido de graça "nas primeiras comédias de Corneille, e em todas as comédias anteriores".

No entanto, o certo é que, se nos dedicarmos a examinar com atenção um dicionário de francês — passatempo que aproveito para recomendar —, verificamos que ele regista a palavra "humeur" (com o sentido de fluido), e a palavra "humour" (com o significado de forma de expressão cómica). Ou seja, os franceses têm a palavra original, que exportaram para Inglaterra, e a palavra nova, que regressou a França depois de transformada pelos ingleses.

Talvez seja uma boa altura para avançar com outra definição. Em 1997 conheci, na redacção do *Jornal de Letras*, um jornalista da velha guarda chamado José Manuel Rodrigues da Silva. Às vezes, em dias de fecho de edição, naquelas alturas de maior aperto, ele dizia uma frase que tem sido uma espécie de lema da minha vida: "Vamos! A vitória é difícil mas é deles". Como todos sabemos, a frase original, que pretende motivar e inspirar, é: "A vitória é difícil mas é nossa". A frase do meu amigo parece-me muito melhor, por várias razões. Primeiro, ao admitir que vamos perder, tira-nos a responsabilidade de ganhar, que é um peso difícil de suportar. Segundo, diz que a vitória dos outros será difícil, o que constitui uma pequena vingança agradável para nós. Terceiro, não vende falsas esperanças: a vida, de um modo geral, é derrota, sim. Quarto, indica que, apesar da quase inevitabilidade da derrota, isso não é razão para perder o ânimo. Por último, e mais importante que tudo: dá vontade de rir a quem está aflito, subjugado pela preocupação.

Ora, eu acho que a vitória do humor é, precisamente, ser a admissão de uma derrota. Mais: não é apenas a admissão de uma derrota, é a admissão *festiva* de uma derrota. É isso que é estranho — e, para algumas pessoas, até repelente — no humor: que alguém celebre um desaire. É o oposto das mensagens dos livros de auto-ajuda, o rigoroso inverso do lema da pandemia: é dizer que não, não vai ficar tudo bem. E retirar disso uma espécie de contentamento. Há quem não perceba a razão de ser desse modo de proceder. Mas o humor assenta quase sempre nessa atitude paradoxal, que é simultaneamente lúgubre e galhofeira. Uma mistura bizarra. É o espírito que está presente, por exemplo, nesta canção:

> *Enjoy yourself, it's later than you think*
> *Enjoy yourself, while you're still in the pink*
> *The years go by, as quickly as you wink*
> *Enjoy yourself, enjoy yourself, it's later than you think*

Este conselho dos The Specials ("aproveita enquanto podes porque isto não dura muito") é antigo — mesmo muito antigo —, e parece sensato. Se calhar podemos argumentar que cada piada é uma reedição deste conselho — não pelo que a piada diz, mas pelo efeito que pretende provocar. Esse efeito, curiosamente, não tem grande prestígio — o que até certo ponto se compreende. O riso é uma manifestação física. É do domínio do corpo — e o corpo é bastante menos nobre do que o espírito. O riso é barulhento, provoca uma convulsão que desfigura o rosto e faz com que as pessoas percam o controlo de si mesmas. O sorriso, por exemplo, é civilizado, mas o riso tende a ultrapassar a fronteira da decência. Parece que humor e riso estão — e eu diria que estão orgulhosamente — do lado do que é reles. Estão mais do lado do profano que do sagrado, mais do lado do caos que da ordem, mais do lado do abjecto que do sublime, mais do lado do feio que do belo, mais do lado do obsceno que do casto. Têm afinidades muito problemáticas com a loucura, o mal e o excesso. Ao passo que a atitude séria se caracteriza pela busca de sentido, o humor e o riso exprimem um certo comprazimento com o absurdo. E também me parece que o humor está claramente mais do lado da desilusão do que da esperança.

A esse propósito, a última definição que vou propor é o título disto: coisa que não edifica nem destrói.

É uma frase das *Memórias póstumas de Brás Cubas*, de Machado de Assis, que a Tinta-da-china edita na sua magnífica colecção de literatura humorística.* Uma completa e feliz coincidência, como calculam.

Uma vez, alguém pediu ao Woody Allen que escolhesse os seus cinco livros preferidos e um dos que ele indicou foi este. Ficou impressionado — a palavra que ele usou foi "shocked" — por o livro ser tão encantador e divertido. "Não queria acreditar que era de um autor de uma época tão longínqua", disse ele. "É tão moderno e divertido. É uma obra muito, muito original." E continua: "É sobre um assunto de que gosto e que o autor trata de um modo muito espirituoso, com grande originalidade e nenhum sentimentalismo".** Não admira, uma vez que o sentimentalismo é inimigo — talvez o maior inimigo — do humor.

O livro é bastante invulgar, até porque é escrito por um defunto. Não estou a revelar nenhuma surpresa,

---

* O autor coordena a Colecção de Literatura de Humor, que pode ser vista aqui: tintadachina.pt/categoria-produto/coleccoes/literatura-de-humor. (N.E.)
** A citação pode ser encontrada aqui: theguardian.com/books/2011/may/06/woody-allen-top-five-books. (N.E.B.)

porque sabemo-lo desde o título. São memórias póstumas. E o livro está dedicado "ao verme que primeiro roeu as frias carnes do meu cadáver", o que também é bastante inusitado. Logo no início, dirigindo-se aos leitores, o autor diz que escreveu "com a pena da galhofa e a tinta da melancolia", e previne que "não é difícil antever o que poderá sair desse conúbio". E pouco mais à frente aparece então a frase que dá o título a este livro. É a descrição daquilo que ele está a escrever, das suas memórias:

> Obra supinamente filosófica, de uma filosofia desigual, agora austera, logo brincalhona, coisa que não edifica nem destrói, não inflama nem regela, e é todavia mais do que passatempo e menos do que apostolado.

Sei que certos espíritos ficarão desconsolados com a ideia de que o humor possa ser isto, uma coisa que não edifica nem destrói, mas creio que a disposição humorística é avessa a grandes aspirações, e inclina-se a considerar pretensiosa — e até ridícula — a intenção de edificar ou destruir. Tanto o que julga ter a missão de edificar como o que se sente habilitado para destruir estão forçosamente convencidos da sua própria importância. E parecem incapazes de conceber que, entre a edificação e a destruição, há várias outras atitudes possíveis e estimáveis. Além disso, o humor é uma espécie de antídoto para o fanatismo, é anti--dogmático. E por isso é natural que, sendo embora mais do que passatempo, seja sempre menos do que apostolado. Vou citar um bocadinho do capítulo XXIV, proporcionando um momento de grande espectáculo. O capítulo chama-se "Curto, mas alegre". Diz assim:

Talvez espante ao leitor a franqueza com que lhe exponho e realço a minha mediocridade; advirta que a franqueza é a primeira virtude de um defunto. Na vida, o olhar da opinião, o contraste dos interesses, a luta das cobiças obrigam a gente a calar os trapos velhos, a disfarçar os rasgões e os remendos, a não estender ao mundo as revelações que faz à consciência; e o melhor da obrigação é quando, à força de embaçar os outros, embaça-se um homem a si mesmo, porque em tal caso poupa-se o vexame, que é uma sensação penosa, e a hipocrisia, que é um vício hediondo. Mas, na morte, que diferença! que desabafo! que liberdade! Como a gente pode sacudir fora a capa, deitar ao fosso as lantejoulas, despregar-se, despintar-se, desafeitar-se, confessar lisamente o que foi e o que deixou de ser! Porque, em suma, já não há vizinhos, nem amigos, nem inimigos, nem conhecidos, nem estranhos; não há plateia. O olhar da opinião, esse olhar agudo e judicial, perde a virtude, logo que pisamos o território da morte; não digo que ele se não estenda para cá, e nos não examine e julgue; mas a nós é que não se nos dá do exame nem do julgamento. Senhores vivos, não há nada tão incomensurável como o desdém dos finados.

Ora, parece-me que é possível detectar, na disposição do defunto, a disposição do humorista. O mesmo despudor a exibir as suas fraquezas, a mesma liberdade em relação aos constrangimentos sociais, o mesmo desdém sobre o que parece importante. Esta ideia segundo a qual se ri mais e melhor quando se está morto é muito popular. Justificadamente, parece-me. Num dos *Diálogos dos mortos*, Luciano põe Diógenes a dizer o seguinte:

> Ó Pólux, recomendo-te, logo que chegues lá acima (creio que é já amanhã a tua vez de voltar à vida), se por acaso vires Menipo, o cão (deves encontrá-lo em Corinto, lá para as bandas do Craneu, ou então no Liceu, fazendo troça dos filósofos em permanente discussão uns com os outros), que lhe dês este recado: "Ó Menipo, Diógenes convida-te, se já troçaste o bastante das misérias

terrenas, a vir cá abaixo, para te rires muitíssimo mais. Sim, que o teu riso, aí na terra, pode, de algum modo, ser injustificado, e muitas vezes se pergunta: 'Quem conhece completamente o que há para além da vida?', ao passo que, cá em baixo, não cessarás de rir com todo o fundamento, como eu agora, sobretudo ao veres os ricos, os sátrapas e os tiranos agora tão reles e tão insignificantes, só reconhecíveis pelas suas lamentações; vê como essas criaturas são frágeis e ignóbeis, a recordarem continuamente a sua vida terrena". Dá-lhe, pois, este recado.

Parece que defuntos e humoristas estão, digamos, num plano parecido, que é diferente do dos vivos, a observar o mundo a uma distância desencantada, a escarnecer das ilusões e do tempo em que as tinham. Ou seja, mais uma vez fica claro que, caso morrer não nos seja, por qualquer razão, conveniente, a atitude humorística é uma excelente alternativa.

CAPÍTULO II

SOBRE MEDO

Em que o autor discorre chatamente sobre alguns mitos gregos e faz sobre um deles um flagrante exercício de sobreinterpretação, já depois de ter difamado Lord Byron. A seguir, cita um bocado de um livro italiano em que dois monges discutem.

"Todas as tragédias acabam em morte, todas as comédias acabam em casamento." Esta conhecida observação de Lord Byron podia estar um pouco mais completa. Todas as comédias acabam em casamento porque é precisamente aí que a tragédia começa. E Byron sabia disso muito bem, porque casou-se em 1815 e divorciou-se em 1816. Ao que parece, a senhora com quem ele se casou tinha uma desconfiança forte de que Lord Byron andava a comer a sua própria meia-irmã. E como a mulher dele tinha, provavelmente, um preconceito qualquer contra incesto, pediu o divórcio. Enfim. Há gente muito picuinhas.

O casamento está na origem de várias tragédias. A guerra de Tróia começa por causa de um casamento. Peleu e Tétis resolvem casar mas decidem não convidar para a cerimónia Éris, a deusa da discórdia. Mesmo assim, Éris foi à boda deixar, disfarçadamente, uma maçã de ouro com uma nota que dizia: "Para a mais bela da festa". As deusas Hera, Atena e Afrodite começam então a disputar a maçã. É essa, aliás, a origem da expressão "o pomo da discórdia". Embora o pomo não seja, na verdade, o motivo da discórdia. O motivo da discórdia é o bilhete que ia agarrado ao pomo. Elas estão-se borrifando para o pomo. Se o bilhete fosse agarrado a uma lata de sardinhas, Hera, Atena e Afrodite teriam disputado uma lata de sardinhas. E talvez não fosse ajuizado dizer que, no centro da zaragata, estava a lata de sardinhas da discórdia. O bilhete é que interessa. As três deusas pediram a Zeus que decidisse qual delas era a mais bela, mas Zeus, provavelmente por ser omnisciente, sabia que não era prudente ser jurado em concursos de beleza. E então entregou a missão a Páris, que tinha fama de ser um juiz justo e imparcial. Páris obteve essa reputação da seguinte forma: ele era pastor e tinha um belíssimo toiro. O toiro de Páris lutava com outros toiros e saía sempre vencedor. E Páris concluía: o meu toiro é o melhor toiro. Um dia, o deus Ares aparece, transformado em toiro. Luta com o toiro de Páris e vence. E Páris reconhece imediatamente: sim senhor, este toiro é melhor que o meu. Portanto, quando se colocou a questão de escolher quem havia de decidir qual das três deusas era a mais bela, Zeus lembrou-se: só se for ali o ajuíza-toiros. O problema é que a escolha de Páris ficou ensombrada por um escândalo de corrupção. Para convencer Páris a dar-lhe o prémio, cada deusa prometeu-lhe um suborno: Hera disse que o faria rei da Europa e da Ásia, Atena ofereceu-lhe sabedoria e competências de grande guerreiro, e Afrodite jurou entregar-lhe o amor da mulher mais bela do mundo, Helena de Tróia. Páris deu a vitória a

Afrodite, seduziu Helena e deu origem a uma guerra de dez anos. Tudo por causa de um casamento.

Polidecto quer casar com Dánae, mas Perseu, o filho de Dánae, opõe-se. E então Polidecto manda Perseu numa missão impossível: ele quer que Perseu lhe traga a cabeça da Medusa. A Medusa era uma górgona, um monstro com serpentes em vez de cabelos. Ora, depois de várias aventuras, Perseu encontra-se finalmente na presença do monstro. O monstro está adormecido mas a tarefa do herói é mais difícil do que parece: todos os que olham directamente para o rosto do monstro ficam transformados em pedra. Por isso, Perseu recorre ao seguinte estratagema: usa o seu escudo como espelho. Na superfície polida do escudo consegue ver a Medusa sem olhar directamente para ela e corta-lhe a cabeça com uma espada.

Este mito tem sido interpretado de várias maneiras ao longo do tempo. Académicos feministas, por exemplo, têm lido a história como uma representação da reacção ao poder feminino e do impulso para castigar mulheres poderosas. Freudianos vêem a decapitação do monstro como símbolo de castração e, a propósito da capacidade da Medusa para petrificar quem a contempla, o próprio Freud escreveu que estávamos, evidentemente, perante uma referência à erecção.

Cada um tem as suas manias — e eu também tenho a minha. O que me interessa acima de tudo no mito é o tal escudo. Um escudo é, normalmente, um instrumento de defesa — e aqui também. Mas no mito é, além disso, um instrumento de ataque. Ao mesmo tempo que fornece protecção, também oferece a única possibilidade de atacar, que é ver o inimigo sem olhar directamente para ele. Essa dupla condição, a de arma defensiva e ofensiva, é obtida por causa de uma ocorrência rara: coisas frágeis, como um espelho, não costumam ser levadas para o campo de batalha. E, no entanto, a invulgar eficácia desta arma reside no facto de se tratar de um escudo que é simultaneamente um espelho.

É muito provável que já tenham percebido onde quero chegar. Um instrumento de defesa que é ao mesmo tempo uma ferramenta de ataque; um escudo que é ao mesmo tempo um espelho: aqui está mais uma excelente definição daquilo a que costumamos chamar "humor". O nosso primeiro instinto, quando queremos proteger-nos, é fechar os olhos. Nessa medida, o humor é um mecanismo protector contra-intuitivo, uma vez que não só não faz com que deixemos de ver, como — acho eu — faz com que se veja melhor, com mais clareza.

Num espelho, como sabemos, as coisas não aparecem exactamente como são, mas rigorosamente invertidas.

Ora, transformar uma coisa no seu rigoroso oposto é uma estratégia humorística conhecida. Lembramo-nos imediatamente da ironia, operação através da qual muitas vezes dizemos o contrário do que pretendemos dizer, ou de episódios como aquele em que D. Quixote vira ao contrário uma bacia de barbeiro e a transforma no mítico elmo de Mambrino. Ou ainda desta pequena história de Woody Allen:

> Há uns anos a minha mãe deu-me uma bala. Pu-la no bolso do peito. Dois anos depois, ia eu pela rua fora, quando um evangelista tresloucado arremessou a sua bíblia da janela do quarto de hotel, atingindo-me no peito. Se não fosse a bala, a bíblia ter-me-ia atravessado o coração.*

Ou seja, mais uma vez, o contrário do que costuma acontecer. Isto para sublinhar que transformar uma coisa no seu rigoroso oposto é uma estratégia humorística conhecida.

Acontece que o escudo de Perseu não é apenas um espelho. É, como todos os escudos, um espelho convexo —

---

* Podem vê-la aqui: youtube.com/watch?v=jv54JZOhTp4.

Sobre medo

como aqueles que, na tradicional atracção das feiras, distorcem a realidade e nos fazem rir. Ou seja, é um espelho que, tal como acontece com as caricaturas, nos mostra uma imagem deformada, muitas vezes pior do que a imagem real, em que os aspectos mais terríveis da realidade, em lugar de serem atenuados, são acentuados. Essa é uma estranhíssima forma de protecção. E, no entanto, resulta. Ver o monstro aumentado assusta menos do que olhar directamente para ele. Ver o monstro através desse espelho que aumenta e deforma convida à acção que o derrota; olhar para ele directamente paralisa.

Talvez haja coisas para dizer acerca do facto de Perseu apanhar o monstro a dormir, mas eu não tenho a certeza de saber dizê-las. Não sei como se adormece o medo, nem como se consegue apanhá-lo nesse estado de dormência, mas é óbvio que nada disso é possível sem se reconhecer primeiro a existência do medo e descobrir a sua exacta morada, que é o que Perseu faz. É preciso saber para onde apontar o escudo. Também parece ser significativo que, após dominar e decapitar o monstro, Perseu guarde cuidadosamente a sua cabeça e a use para petrificar os seus inimigos. Ou seja, quem domina o medo é capaz de o manobrar a seu favor.

Um cientista do MIT chamado Stephen Wilk escreveu o livro *Medusa: Solving the Mystery of the Gorgon*, onde faz uma observação interessante. Citando livros de medicina forense, descreve o que acontece ao corpo humano após a morte:

> A língua começa a inchar, saindo da boca. Os olhos incham igualmente, e projectam-se para fora das órbitas. [...] O rosto intumesce, alargando as feições. [...] O cabelo começa a separar-se do escalpe. Por outras palavras, o corpo começa a tomar o aspecto característico da górgona.

E por isso ele pergunta a si próprio se a Medusa não será, na verdade, o retrato do rosto humano morto. E colocou uma hipótese, validada pela pesquisa subsequente que fez: em várias outras culturas, não apenas na grega, a captura e exibição da cabeça do inimigo é vista como a mais alta manifestação de triunfo. E o uso, nos escudos dos guerreiros, da imagem de uma cabeça com as mesmas características da cabeça da Medusa também é frequente em vários tempos e lugares. Confrontar o inimigo com a imagem da morte petrifica-o. O que o mito sugere é que olhar para essa imagem através de um espelho convexo (isto é, submetendo-a a uma operação humorística) torna-a grotesca — e, por isso, menos assustadora.

*

Numa entrevista da *Paris Review*, a entrevistadora pergunta a Umberto Eco:

— Há algum livro que nunca escreveu mas que deseje ardentemente ter escrito?

Eco responde:

— Sim, só um. Até aos cinquenta anos de idade, e ao longo de toda a minha juventude, sonhei escrever um livro sobre a teoria da comédia. Porquê? Porque cada livro sobre o assunto tem fracassado, ao menos todos os que consegui ler. Cada teórico da comédia, de Freud a Bergson, explica algum aspecto do fenómeno, mas não tudo. O fenómeno é tão complexo que nenhuma teoria é, ou tem sido até aqui, capaz de o explicar completamente. Portanto pensei que gostaria de escrever a verdadeira teoria da comédia. Mas a tarefa revelou-se desesperadamente difícil. Se eu soubesse exactamente porque é que era tão difícil, teria a resposta, e teria conseguido escrever o livro.

A entrevistadora pergunta de novo:

— Acha que a comédia é, tal como a mentira, uma invenção especificamente humana?

Eco responde:

— Sim, uma vez que parece que os animais são desprovidos de humor. Sabemos que têm um sentido de brincadeira, sentem-se tristes, sofrem. Temos provas de que ficam felizes, quando brincam connosco, mas não que tenham sensibilidade cómica. É uma experiência tipicamente humana, que consiste em… não, não sei dizer exactamente.

A entrevistadora insiste:

— Porquê?

E Eco diz:

— Pronto, está bem. Suspeito que está relacionado com o facto de sermos os únicos animais que sabem que vão morrer. Os outros animais não sabem. Compreendem-no apenas na hora da morte. São incapazes de articular algo parecido com a ideia: todo o Homem é mortal. Nós somos capazes de fazê-lo, e é provavelmente por isso que há religiões, rituais e tudo o resto. Penso que a comédia é a reacção humana quintessencial ao medo da morte. Se me perguntar algo mais, não sei dizer-lhe. [...] Na verdade, o que realmente aconteceu ao meu desejo de escrever um livro sobre comédia foi que, em vez disso, escrevi *O nome da rosa*. Foi um daqueles casos em que, quando somos incapazes de construir uma teoria, contamos uma história. E acredito que, n'*O nome da rosa*, consegui, em forma narrativa, produzir uma certa teoria do cómico. O cómico como forma decisiva de corroer o fanatismo. Uma sombra diabólica de suspeição por trás de todas as proclamações de verdade.

Ora, n'*O nome da rosa*, o franciscano Guilherme de Baskerville e o beneditino Jorge de Burgos mantêm, ao longo do livro, um debate sobre o cómico e o riso. Eco imagina uma abadia em cuja biblioteca se encontra o segundo volume da *Poética*, de Aristóteles, dedicado à comédia. Jorge, o bibliotecário, não é capaz de destruir o livro, mas inventa um estratagema para evitar que as pessoas o leiam. Ele receia que o prestígio de Aristóteles eleve o riso e o cómico, que são desprezíveis e é assim que devem manter-se, a um patamar que não merecem. Diz ele:

> [S]e alguém, um dia, agitando as palavras do filósofo, levasse a arte do riso à condição de arma subtil, se à retórica da convicção se substituísse a retórica da irrisão, se à tópica da paciente e salvífica construção das imagens da redenção se substituísse a tópica da impaciente demolição e do desvirtuamento de todas as imagens mais santas e veneráveis... oh, nesse dia também tu e toda a tua sapiência, Guilherme, seríeis arrasados!

Guilherme de Baskerville pergunta: "Porquê? Bater-me-ia, a minha argúcia contra a argúcia alheia". E Jorge de Burgos explica-lhe o que está em causa. Diz assim:

> Não nos faz medo a blasfémia [...]. Não nos faz medo a violência [...]. Não nos fazem medo e sobretudo sabemos como destruí-l[a]s, melhor, como deixar que se destruam por si levando orgulhosamente ao zénite a vontade de morte que nasce dos próprios abismos do seu nadir. [...] Mas se um dia... e já não como excepção plebeia mas como ascese do douto, confiada ao testemunho indestrutível da escritura... se fizesse aceitável, e aparecesse

como nobre, e liberal, e já não mecânica, a arte da irrisão, se um dia alguém pudesse dizer (e não ser escutado): eu rio da Encarnação... então não teríamos armas para deter essa blasfémia, porque ela apelaria às forças obscuras da matéria corporal, aquelas que se afirmam no peido e no arroto, e o arroto e o peido arrogariam para si o direito que é só do espírito, de soprar onde quer!

E Guilherme de Baskerville acaba com a conversa dizendo:

Eu odeio-te, Jorge, e se pudesse conduzir-te-ia lá para baixo, pelo planalto, nu com penas de voláteis enfiadas no olho do cu e a cara pintada como um malabarista e um bufão, para que todo o mosteiro se risse de ti e não mais tivesse medo.

O verbo "temer" significa recear e respeitar. Quando dizemos que alguém é temente a Deus, é esse duplo significado que pretendemos exprimir. Jorge de Burgos considera que esse temor é necessário e útil, e acredita que o riso e o cómico têm a intenção de o destruir, e são suficientemente poderosos para o conseguir. É possível que esteja certo quanto à intenção, mas creio que está enganado quanto à eficácia.

No dia das eleições americanas de 2016, quando ficou claro que Donald Trump tinha sido eleito, o humorista americano Stephen Colbert disse: "Perante uma coisa que se nos apresenta como horrível, creio que rir é o melhor remédio. Não é possível rir e ter medo ao mesmo tempo". Não tenho dados científicos que o confirmem, mas apesar de tudo sinto-me inclinado a concordar. Só que o remédio não parece ser assim tão forte, e o efeito passa depressa. Talvez logo no fim da gargalhada, ou até um pouco antes. O problema é que esse remédio frágil e precário é o único que os seres humanos têm na farmácia.

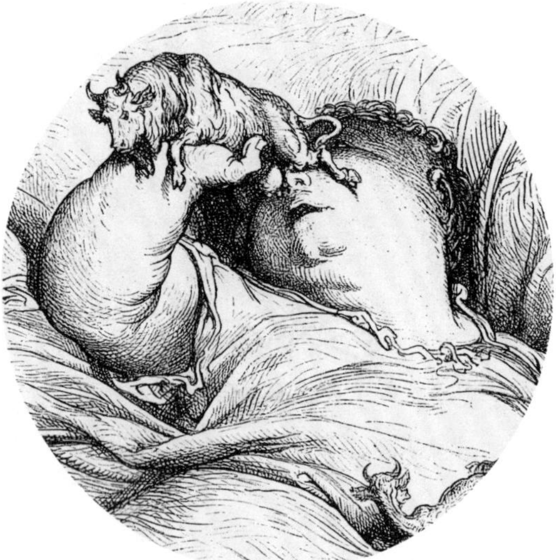

CAPÍTULO III

SOBRE XIXI E COCÓ

Em que o autor discorre chatamente sobre um bobo do século XII especializado em ventosidade. Cita um bocado de um livro francês em que as personagens comem muito e defecam mais ainda. Desenvolve uma teoria sobre a condição humana e os excrementos. Ao contrário do prometido, quase não escreve sobre xixi. Faz referência a um debate entre padres medievais sobre a digestão de Deus.

Este título é, evidentemente, provocatório. Seria absurdo dedicar um episódio apenas ao tema do xixi e cocó. Como é óbvio também vou falar de flatulência. No século XII, durante o reinado de Henrique II, havia na corte inglesa um bobo chamado Roland The Farter. Rolando, o Flatulento. Ou, talvez mais precisamente, Rolando, o Peidão. Roland era um artista bastante bem-sucedido. Os relatos variam, mas o lexicógrafo e antiquário Thomas Blount escreve que Roland terá recebido, pelos seus serviços, uma propriedade de tamanho equivalente a cem campos de futebol, em Suffolk, no sudeste de Inglaterra. Não admira, dado o seu talento. Blount regista os termos do contrato:

> Em troca daquelas terras, Roland devia levar a cabo, perante Sua Majestade, o Rei, todos os anos, no dia de Natal, ao mesmo tempo e apenas uma vez, *unum saltum, unum siffletum et unum pettum*.

Ou seja, a execução simultânea de um salto, um assobio e um peido. A todos os leitores que estão a dedicar a este texto um sorriso desdenhoso, recomendo que experimentem tentar a habilidade. O modo como imagino este número é: um mortal à retaguarda, no decurso do qual Roland silva por cima e no momento da aterragem silva por baixo. Esta habilidade — um salto, um assobio e um peido — era, ao que tudo indica, muito admirada. E essa admiração perdurou durante bastante tempo. Quatro séculos mais tarde, Rabelais põe Panurge a fazer exactamente o mesmo. É no capítulo XXVII do *Pantagruel*. *Gargântua*, *Pantagruel* e o *Livro terceiro* foram recentemente publicados em Portugal pela E-Primatur, com tradução de Manuel de Freitas, e é essa edição que vou citar. Diz assim:

Pantagruel disse então:
— Vamos, meus filhos, já aqui estivemos demasiado tempo a comer, pois muito dificilmente se vê grandes banqueteadores fazerem proezas de armas. Não há sombra como a dos estandartes, fumo como o dos cavalos, estalido como o dos arneses.
Isto fez Epistemon começar a sorrir e dizer:
— Não há sombra como a da cozinha, fumo como o das empadas, estalido como o das taças.
Ao que Panurge respondeu:
— Não há sombra como a dos cortinados, fumo como o dos mamilos, estalido como o dos colhões.
Depois, levantando-se, deu um peido, um salto e um assobio, e gritou alegremente em voz alta:
— Que viva sempre Pantagruel!

Penso que todos reconhecemos a estreita afinidade entre os peidos e o discurso humorístico. Entre as histórias cómicas reunidas em latim, em meados do século xv, por Poggio Bracciolini, um grande vulto do humanismo renascentista, há várias sobre flatulência. Uma das mais conhecidas é a de Pietro Gonella, o bobo do século xv cujo retrato Jean Fouquet pintou. Um homem de Ferrara contrata Gonella e promete pagar-lhe se o bobo fizer dele um adivinho. Gonella diz ao homem para se deitar com ele na cama, e depois diz-lhe que meta a cabeça debaixo dos lençóis. O homem obedece mas volta a pôr imediatamente a cabeça de fora das cobertas, dizendo: "Creio que te peidaste". Gonella diz: "Podes pagar-me, acabei de fazer de ti um adivinho".

Rabelais também tinha grande interesse no assunto de que nos ocupamos hoje. Quando Gargamelle, a mãe de Gargântua, estava mesmo no final da gravidez, fez uma refeição que Rabelais descreve assim:

> A ocasião e a maneira como Gargamelle pariu foi a seguinte. E, caso não acrediteis, que o vosso ânus descaia. O ânus dela descaiu depois de jantar, no terceiro dia de fevereiro, por ela ter comido demasiada dobrada. A dobrada é feita com as tripas grossas de cornões.

Sobre xixi e cocó

Cornões são bois engordados no estábulo e em prados revezantes. Prados revezantes são aqueles onde cresce erva duas vezes por ano. Destes gordos bois foram mortos trezentos e sessenta e sete mil e catorze, para que ficassem salgados no Carnaval e para que na primavera tivessem boi da estação em quantidade, e assim comemorassem a salga no início das refeições e fosse melhor a entrada no vinho.

As tripas foram copiosas, como já sabeis; e estavam tão saborosas que todos chupavam os dedos. Mas o grande bico-de-obra era não se poder guardá-las durante muito tempo. Pois acabariam por apodrecer, o que parecia indecente. Pelo que ficou decidido que as devorariam sem que nada se perdesse. Convidaram, para esse efeito, todos os cidadãos de Cinais, de Seuillé, de La Roche-Clermault, de Vaugardy, sem se esquecerem de Le Coudray, Montpensier, do vau de Vède e de outros vizinhos, todos eles bons bebedores, bons camaradas e belos jogadores de chinquilho. O gentil Grandgousier teve nisso enorme prazer, e ordenou que tudo se escoasse das gamelas. Disse, porém, à mulher que comesse menos, visto que ela se aproximava do termo da gravidez, e que aquela tripagem não era carne muito recomendável. "Aquele que masca a membrana tem grande vontade de mascar merda." Apesar destas admoestações, ela comeu dezasseis almudes, emborcou quinhentos e quarenta litros e mais seis marmitas. Que bela matéria fecal se devia revolver no seu interior!

"*Oh! la belle matière fécale.*" Esta frase muito famosa pode ser uma espécie de emblema da atitude humorística em relação a xixi e cocó. Humoristas de todos os tempos e lugares têm demonstrado um fascínio muito grande por matéria fecal — uma idiossincrasia, entre muitas, que partilham com crianças pequenas. Rir das chamadas funções menos nobres do corpo humano e dos excrementos, o que acontece com frequência, não significa exactamente desprezá-los. Pelo contrário, é uma espécie de celebração. O que é que se celebra, quando se celebram os excrementos? Em primeiro lugar, celebra-se o prazer, o prazer da comida, a vibração da vida no nosso corpo. Que bela matéria fecal se revolve no nosso interior, de facto. Mas também se celebra, com isso, a nossa condição específica. Somos um bicho que é capaz do soneto e da digestão. Um bicho que é capaz do sublime e do excremento. Um bicho que faz catedrais e também faz cocó. Deuses não têm graça, mas um bicho que é animal e deus dentro da mesma embalagem, tem. É isso que nós somos, essa mistura: a maravilha da criação borra-se. O humor festeja essa coincidência:

Sobre xixi e cocó

diverte-se a assinalar que estamos mais longe dos deuses do que pensamos, e mais perto dos animais do que gostaríamos de admitir. É essa nossa condição de corpos produtores de cocó que nos deixa tão distantes de deus, tão próximos do cocó.

Entre o xixi e o cocó, já devem ter reparado, estou mais concentrado no cocó porque me parece que, na hierarquia da abjecção, o cocó figura em primeiro lugar. O xixi disputa com o peido a segunda posição, se é que não fecha mesmo o pelotão da infâmia. O peido acaba por ser parente do cocó, que é o campeão da baixeza.

Esse estatuto do cocó fica muito claro quando observamos um interessante debate que decorreu no século IV. É um debate sobre a digestão de Jesus, isto é, trata-se de saber se Jesus defecou. Apolinário de Laodiceia responde que não. Jesus fez-se homem mas era, apesar de tudo, diferente de nós. Santo Eustácio de Antioquia responde que sim. Se, como diz o evangelho de são João, o verbo se fez carne, isto é, se deus tomou a forma humana, então nada do que é humano lhe seria alheio. Ele lança mão da anatomia aristotélica, que relacionava a alma com o coração, e o coração com o aparelho digestivo. Se Jesus tem alma humana, diz ele, então tem coração, sem o qual não há alma. E se tem coração, tem sistema digestivo, sem o qual não há coração. Ou seja, a alma humana depende do sistema digestivo. O que significa que só é verdadeiramente humano aquele que faz cocó. Portanto, para santo Eustácio, negar o sistema digestivo de Cristo é negar a autêntica fisicalidade da encarnação.

Santo Epifânio de Salamina, pelo contrário, receia que seja indigno que Jesus tivesse as necessidades físicas normais. Ele concorda que a carne do Senhor não é diferente da nossa, mas considera que a ideia de lhe atribuir funções digestivas seria um erro horroroso. A solução que encontra é a seguinte: Jesus tem uma alma humana, mas é incapaz de pecar. Com o corpo acontece o mesmo. Ele tem um corpo humano, mas está isento das suas funções vergonhosas. Ou seja, Apolinário, Eustácio e Epifânio acreditam que Jesus é consubstancial ao Pai. Mas só Eustácio e Epifânio acreditam que Ele tem uma alma humana racional e um corpo humano integral, dotado de sistema digestivo. Epifânio, no entanto, acredita que o Senhor, sendo dotado de sistema digestivo, não o usou.

Margareta Ebner, beata dominicana do século XIV que ao longo de vários anos teve experiências místicas e visões espirituais, escreveu no seu diário que "Nossa Senhora não teve de lidar com sujidade vinda do menino Jesus", ou seja, nunca mudou uma fralda.

A ideia segundo a qual seria indecoroso que Jesus tivesse feito a digestão reforça aquela nossa suspeita de há pouco. A suspeita de que cocó é antónimo de deus e sinónimo de humano: está aqui toda uma filosofia. Os excrementos são a primeira parte de nós que cumpre o destino de voltar a ser terra, de ser adubo. Nós lá chegaremos também, porque somos excrementos adiados, estamos pacientemente à espera de ser excrementos. Ora, aqui está outra ideia bem bonita.

A minha guia nesta curiosa discussão foi a professora Kelley Spoerl, que ensina História da Igreja no Saint Anselm College, e cujas comunicações em congressos internacionais de estudos patrísticos* li com muito interesse. É uma tarde bem passada que recomendo a todos.

---

* *Studia Patristica*, vols. LXXIV e XCVI.

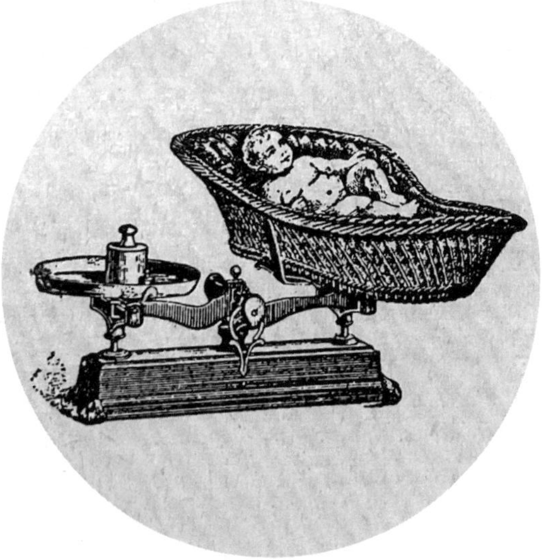

CAPÍTULO IV

SOBRE COZINHAR BEBÉS

*Em que o autor discorre chatamente
sobre as reacções a uma piada de 2021, a um
panfleto de 1729 e a um desenho de 2008.*

No Natal de 2021, a Netflix lançou um espectáculo chamado *His Dark Material*, do comediante Jimmy Carr. Logo no início, Carr comunica à plateia: "Antes de começarmos, um rápido aviso. O espectáculo desta noite contém piadas sobre coisas terríveis. Coisas terríveis que vos podem ter afectado e às pessoas que amam. Mas são apenas piadas. Não são as coisas terríveis". Mais ou menos um mês depois, dia 4 de fevereiro de 2022, Nadia Whittome, deputada do Partido Trabalhista, remeteu à Netflix uma carta, escrita no papel timbrado do parlamento inglês, instando a plataforma a remover imediatamente daquele espectáculo uma piada que a deputada qualificava como romafóbica e anti-semita. No mesmo dia, a também deputada trabalhista Zarah Sultana escreveu no Twitter que não tinha palavras para descrever a repugnância que a piada (que ela grafava entre aspas) causava. E concluía: "Apelo à Netflix para que remova este material grotesco". Sajid Javid, que ocupava na altura o cargo equivalente a ministro da Saúde, propôs um boicote ao comediante. Nadine Dorries, à época desempenhando as funções que em Portugal são do ministro da Cultura, disse que a piada em causa "não era comédia" — era, sim, "abominável e simplesmente não devia estar na televisão". E concluiu avisando que, embora naquela altura não houvesse possibilidade legal de responsabilizar a Netflix por exibir piadas como aquela, muito brevemente iria ser proposta legislação que permitisse fazê-lo. A piada em causa era a seguinte:

> Quando as pessoas falam no Holocausto, referem a tragédia e o horror dos seis milhões de judeus aniquilados pela máquina de guerra nazi. Mas nunca mencionam os milhares de ciganos mortos pelos nazis. Nunca ninguém quer falar sobre isso, porque nunca ninguém quer falar dos aspectos positivos.

O que pretendo alegar hoje é que esta piada racista sobre ciganos nem é racista nem é sobre ciganos.

Em 1729 foi publicado na Irlanda um panfleto anónimo intitulado *Singela proposta para evitar que os filhos dos pobres na Irlanda se convertam num fardo para os seus pais ou para o país, extraindo-se deles benefício para a comunidade*, que ficou conhecido pelo título abreviado *A Modest Proposal*. Há várias edições do texto em português. Vou citar a edição da Antígona, com tradução de Paulo Faria. A ideia do autor era um negócio muito simples. Diz ele:

> [U]ma criança acabada de nascer do ventre da fêmea pode ser alimentada pelo leite desta durante um ano

solar, sem necessidade de recorrer a muita nutrição adicional; nada que ultrapasse a quantia de dois xelins, no máximo, que a mãe conseguirá certamente angariar em dinheiro ou num valor equivalente em restos de comida graças à sua legítima ocupação de mendiga; e é precisamente ao atingirem um ano de idade que eu proponho encaminhar-lhes os passos de tal forma que, em vez de se converterem num fardo para os seus pais ou para a sua paróquia, sofrendo carências de alimentação e de vestuário ao longo do resto das suas existências, poderão, pelo contrário, ajudar a alimentar e, em parte, a trajar largos milhares dos seus congéneres.

E a seguir explica o modo como os filhos dos pobres podem deixar de ser um empecilho e passar a ser um benefício. Diz assim:

Irei agora, portanto, propor humildemente as minhas próprias ideias, que, espero, não sejam passíveis da menor objecção. Foi-me garantido em Londres por um americano dos meus conhecimentos, homem muito instruído, que uma criança saudável e bem alimentada constitui, com um ano de idade, alimento delicioso, nutritivo e saudável, quer estufada, quer assada, quer cozida no forno, quer escalfada; e não tenho dúvidas de que também será possível cozinhá-la em fricassé ou em guisado.

E por isso ele sugere que cem mil crianças possam

[...] ser postas à venda, encontrando certamente compradores entre as pessoas de distinção e fortuna deste reino; sempre aconselhando as mães a que as deixem mamar a seu bel-prazer no último mês de vida, para assim as tornar anafadas e gordas, apropriadas para uma boa refeição. Uma só criança fornecerá dois pratos numa recepção para amigos; e, quando a família jantar a sós, os quartos dianteiros ou traseiros darão um prato razoável, e, temperada com um pouco de pimenta ou de sal, a carne ficará muito saborosa se for cozida no quarto dia, sobretudo no inverno.

Segundo os meus cálculos, em média, um recém-nascido pesa doze libras, e, no decurso de um ano solar, caso seja satisfatoriamente alimentado, verá o seu peso aumentar para cerca de vinte e oito libras.

Reconheço que este alimento será relativamente dispendioso, e, portanto, muito adequado para os proprietários rurais, que, tendo já devorado a maioria dos progenitores, têm direito de precedência, parece-me, no que toca aos filhos.

A carne de bebé estará disponível nas nossas mesas durante todo o ano, mas será mais abundante em março, e um pouco antes e depois deste mês; pois é-nos dito por um autor sério, um eminente físico francês, que, sendo o peixe um alimento prolífico, nascem mais crianças nos países católicos romanos cerca de nove meses após a Quaresma do que em qualquer outra época do ano; assim, decorrido um ano sobre a Quaresma, os mercados estarão mais bem fornecidos do que habitualmente, já que o número de crianças papistas é de pelo menos três para uma neste reino; como tal, verificar-se-á uma outra vantagem adicional, isto é, a redução do número de papistas entre nós.

Já calculei o custo de sustentar o filho de um pedinte (grupo este em que incluo todos os camponeses, jornaleiros e quatro quintos dos rendeiros) em cerca de dois xelins por ano, incluindo os andrajos; e creio que nenhum gentil-homem se mostraria relutante em pagar dez xelins pela carcaça de um belo bebé anafado, que, tal como referi acima, dará quatro pratos de excelente carne nutritiva, nas ocasiões em que alguém receber somente um amigo chegado ou tiver apenas a própria família a jantar consigo.

[...]

Os mais económicos (coisa que, devo confessar, os tempos actuais exigem) poderão esfolar a carcaça; a pele, curtida por mão hábil, dará luvas admiráveis para as senhoras e botas estivais para os gentis-homens de bom gosto. Quanto à nossa cidade de Dublin, poderão designar-se mercados de carne para este fim nos bairros considerados mais convenientes, e estou certo de que não haverá falta de açougueiros; embora eu recomende comprarmos as crianças vivas e assarmo-las no espeto acabadas de matar, como fazemos com o leitão.

No fim, para demonstrar que a proposta é honesta e desinteressada, acrescenta:

Desde já declaro, com toda a sinceridade, que não tenho qualquer interesse de cariz material em tentar promover esta obra tão necessária, e que me move somente o bem comum do meu país, desejoso como estou de fazer progredir o nosso comércio, cuidar do futuro dos recém-nascidos, aliviar a miséria dos pobres e proporcionar aos ricos algum prazer. Não tenho filhos que, nesta eventualidade, me possam render um tostão que seja; o mais novo conta já nove anos, e a minha mulher, essa, já não está em idade de gerar descendentes.

Não sabemos muito sobre as reacções que o panfleto gerou na altura. Ou talvez deva dizer: eu não sei muito.

Ao que parece, os leitores reconheceram rapidamente o estilo de Jonathan Swift, e perceberam a intenção de satirizar panfletos do género, muito comuns na época, e de criticar a crueldade com que o governo inglês tratava a Irlanda.

O panfleto terá sido publicado mais duas vezes nesse mesmo ano e mais três no ano seguinte. Em 1819, o historiador irlandês William Monck Mason elogiava o estilo em que a proposta estava escrita: "A inconsciência da barbaridade do seu próprio projecto, que ele tão bem finge, aumenta enormemente o efeito, e produz um elevado grau de diversão [...]". Já bastante mais perto do nosso tempo, a reacção ao texto foi menos compreensiva. Em 1984, na reinauguração do Gaiety Theatre, em Dublin, o actor Peter O'Toole resolveu ler a *Singela proposta*, o que fez com que vários altos dignitários presentes na cerimónia se levantassem e saíssem, chocados, e a história foi notícia internacional. A manchete da edição de 28 de outubro de 1984 do jornal canadiano *The Globe and Mail* dizia: "O'Toole defende 'leitura repugnante'".

Na verdade, a leitura só é repugnante para quem não percebe o que está a ler. O texto de Swift não é uma apologia do canibalismo, nem é sobre cozinhar bebés. É sobre a exploração económica da Irlanda pelos ingleses. Com a piada de Jimmy Carr acontece algo parecido. Tanto Swift como Carr fingem o melhor que podem que estão a falar a sério, ambos têm um objectivo humorístico, ambos têm a intenção deliberada de dizer uma coisa abominável. E ambos escreveram peças de humor negro. Jonathan Swift é, aliás, o primeiro autor da célebre *Antologia do humor negro*, de André Breton, e a *Singela proposta* está lá longamente citada.

Outra semelhança é que nem Swift nem Carr estão a fazer declarações que devam ser entendidas literalmente. Podemos achar o que quisermos da piada de Jimmy Carr, mas não há boas razões para acharmos, como aquela deputada trabalhista, que não se trata de uma piada. É dita por um comediante, em frente a uma plateia, num espectáculo de comédia, e no fim os espectadores riem-se. É muito improvável que não seja uma piada. Também é muito improvável que Jimmy Carr considere que assassinar ciganos seja positivo. E ainda mais improvável que tenha conseguido reunir uma plateia inteira de pessoas horríveis que acham graça à ideia de assassinar ciganos. Então, se não acham graça a isso, estão a rir de quê? Bom, como é óbvio estão a rir de terem sido enganados. O comediante, através do que estava a dizer e do tom com que estava a dizê-lo, levou-os a pensar que ia dizer uma coisa sensata. E depois disse o que ele considera ser a coisa mais execrável. Aquele conjunto de palavras só é uma piada por causa disso: porque Carr acha a ideia de assassinar ciganos completamente abjecta. Ora, vai uma distância bastante grande entre achar o extermínio de ciganos positivo e achar completamente abjecto. A mesma distância separa o que a piada parece dizer do que ela significa na verdade.

É interessante verificar que Zarah Sultana, a deputada da oposição que exigiu à Netflix que censurasse a piada por a achar racista e repugnante, dois anos antes tinha protagonizado uma polémica por ter publicado no Twitter mensagens anti-semitas, por ter anunciado a intenção de celebrar a morte de adversários políticos, e por ter dito a alguém que considerava ser pró-Israel para se atirar de um penhasco. Nenhuma destas mensagens era uma piada; eram opiniões proferidas a sério. Sultana publicou então um comunicado manifestando o seu arrependimento. Por outro lado, os ministros que apelaram a um boicote a Jimmy Carr e a medidas legais para punir a Netflix pertenciam ao mesmo governo que tinha proposto uma lei que, na prática, procurava tornar o nomadismo ilegal. Ou seja, as mesmas pessoas que propunham a criminalização dos ciganos vinham a público defendê-los energicamente de uma piada.

Também há momentos em que as pessoas interpretam correctamente uma piada, reconhecem que o que o seu autor diz não é nocivo, antes pelo contrário, mas ainda assim acham a piada ilegítima. Foi o que aconteceu em 2008, durante a campanha para as presidenciais americanas que Barack Obama acabaria por vencer. A capa da revista *New Yorker* do dia 21 de julho era um *cartoon* chamado "The Politics of Fear" [A política do medo]. O desenho mostra o casal Obama na Sala Oval da Casa Branca. Ele tem um turbante na cabeça, ela veste roupa de guerrilheira e tem uma metralhadora a tiracolo. Por cima da lareira, onde está uma bandeira americana a arder, vê-se um retrato de Osama bin Laden. O *cartoon* é, evidentemente, a representação irónica do discurso mais histérico e paranóico sobre a hipotética simpatia do casal Obama pelo fundamentalismo islâmico. É uma crítica que ataca o pensamento racista confrontando-o com a demonstração prática do seu próprio absurdo.

O *cartoon* gerou reacções de vários tipos. Algumas pessoas não perceberam a ironia e por isso consideraram-no racista. Outras pessoas perceberam a ironia mas também o consideraram racista, por causa do efeito que ele poderia ter no público menos esclarecido. O raciocínio era: "Eu entendo o significado do desenho, porque sou uma pessoa sofisticada, mas gente menos inteligente do que eu vai interpretá-lo literalmente e reforçar o seu racismo". Outro grupo de pessoas não tinha dúvidas da intenção irónica do autor do *cartoon* mas também não hesitou em considerá-lo racista, uma vez que, na opinião destas pessoas, a ironia não transforma a natureza do discurso. É uma posição que normalmente se resume na frase "racismo irónico é racismo". Ou seja, o discurso do autor do *cartoon* não se distingue do discurso dos racistas que ele pretende criticar. Ora, o conceito de racismo irónico não parece muito sólido. O que está em causa no *cartoon* não é racismo irónico, é a representação irónica do racismo. E a representação do racismo não é racismo. Do mesmo modo, quando uma personagem mata outra num filme, o que vemos não é um homicídio, é a representação de um homicídio. É por isso que os actores não vão para a cadeia pelo que fazem na tela. Outra reacção ainda veio da própria direcção da campanha de Barack Obama, que emitiu um comunicado dizendo que o *cartoon* era de facto ofensivo. Uma das poucas vozes sensatas, em toda esta polémica, foi a de Jon Stewart. O apresentador do *Daily Show*, no tempo em que ainda estava mais interessado em comédia do que em parenética, disse, sobre a reacção da comitiva de Obama:

> A sério? Sabem qual deveria ter sido a vossa resposta? É muito fácil, deixem-me ditar o comunicado que deviam ter escrito: "Barack Obama não está minimamente melindrado com o *cartoon* em que aparece retratado como um extremista islâmico. Porque sabem quem é que se melindra com *cartoons*? Extremistas islâmicos".

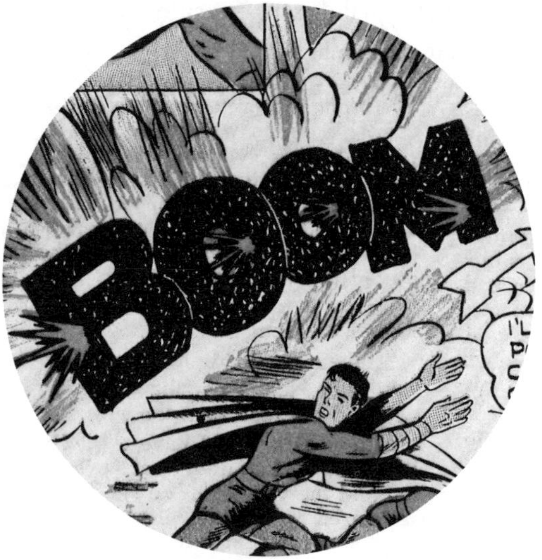
BOOM

CAPÍTULO V

SOBRE UMA COISA IMPORTANTÍSSIMA QUE NINGUÉM SABE BEM O QUE É

Em que o autor discorre chatamente sobre pausas, cadências, hesitações e silêncios. Também escreve um bocado sobre vírgulas. Elabora uma metáfora que envolve uma fisga. Usa as biografias de grandes humoristas para escarnecer de quem julga ter nascido ensinado.

Hoje, e seguindo a tradição deste livro de perder bastante tempo com pormenores insignificantes, vamos começar por lembrar um excerto de uma canção de Caetano Veloso:

> *Você traz a Coca-Cola, eu tomo*
> *Você bota a mesa, eu como*
> *Eu como, eu como, eu como, eu como...*
> *Você* [pausa] *não está entendendo quase nada do que eu digo**

Creio que concordamos todos que estas frases relativamente banais não têm graça nem capacidade para excitar multidões. Mas a plateia deste concerto manifesta-se ruidosamente a certa altura, e parte desse ruído são risos. Só por causa de um pequeno truque, que é o seguinte: a música obriga a cantar a primeira palavra do último verso colada ao final do penúltimo. É quase um jogo de criança, uma marotice. O que acontece se eu suprimir um silêncio aqui e fizer outro ali? Ora, será isto uma ocorrência de um fenómeno que costumamos designar

---

* Podem ouvi-lo aqui: youtube.com/watch?v=8B3F2E16S4Y (minuto 0:36).

por *timing*? Não sei. Até porque, em rigor, não sei bem o que *timing* é.

Apesar disso, é inegável que todos temos uma noção de *timing*. Por exemplo, toda a gente que já esteve em frente a um bebé e se escondeu atrás de um pano dizendo: "A Gertrudes não está cá. Está, está!". A Gertrudes mostra assim dominar o *timing*, uma vez que ela sabe que se disser "A-Gertrudes-não-está-cá-está-está" o bebé não ri. E se disser "A Gertrudes não está cá" e depois esperar um quarto de hora até dizer "Está, está!" o bebé também vai ficar indiferente. Até é capaz de se esquecer de quem a Gertrudes é.

Mas a primeira dificuldade que temos, quando falamos de *timing*, é chegar a uma definição. É engraçado (enfim, moderadamente engraçado) que o *timing*, que nós suspeitamos que tenha a ver com precisão, seja um conceito tão impreciso. Por isso, como sempre, vou tentando umas aproximações. Essa deve ser a primeira: *timing* tem a ver com precisão. Em comédia, parece haver um momento exacto para que uma coisa seja dita, ou mostrada. Se isso acontecer instantes antes ou depois da altura certa, o efeito é diferente (inevitavelmente pior, ou até nulo). Outra aproximação: esse momento é muitas vezes (mas nem sempre) o da *punchline*, ou seja, o do gatilho que faz deflagrar o riso.

Também parece claro que o *timing* muda em função de certos factores. Por exemplo, o mesmo intérprete a dizer o mesmo texto pode mudar ligeiramente o *timing* consoante a resposta do público. Ou intérpretes diferentes podem dizer o mesmo texto com *timings* diferentes e serem igualmente bem-sucedidos. Ou podem ter diferentes modos de falar, o que conduz a tipos de *timing* inevitavelmente diferentes, e estarem ambos certos, digamos assim.

Ainda outra tentativa: aquilo a que chamamos *timing* está igualmente ligado a hesitações, repetições e até apartes. Talvez também seja proveitoso investigar a relação entre *timing* e ritmo. A cadência com que um intérprete diz o texto pode influenciar o *timing*, acho eu. É possível que o *timing* seja sobretudo a gestão de uma tensão, e isso também tenha a ver com uma pausa, ou seja, com silêncio. É o equivalente a esticar o elástico de uma fisga. Esticando demais, o elástico pode partir-se. Esticando de menos, a pedra não é projectada com força suficiente.

Há um livro do Ray Bradbury chamado *Zen in the Art of Writing* em que ele cita um poema do Oscar Wilde (que, no entanto, nunca consegui encontrar na obra de Wilde. Talvez seja apócrifo). O poema diz assim:

Sobre uma coisa importantíssima

Love will die if held too tightly.
Love will fly if held too lightly.
Lightly, tightly, how do I know
Whether I'm holding, or letting love go?

Ou seja: o amor morre se o agarrarmos com força a mais; o amor voa se o agarrarmos com força a menos. Força a mais ou força a menos, como é que eu sei se estou a agarrá-lo ou a deixá-lo ir? A minha versão é menos interessante, eu sei, e não rima. Mas o Ray Bradbury aplicava esta ideia à arte, e talvez nós possamos aplicá-la ao *timing*. Ao fazê-lo, também estamos a sugerir que há um certo tipo de sensibilidade envolvido, ou seja, uma característica difícil de definir ou quantificar, própria de cada um. E parece-me evidente que essa sensibilidade se adquire. Pelo processo de tentativa/erro, por exemplo.

Já agora, deixem-me acrescentar que tenho consciência de que este assunto, como todas as obsessões, tem o seu quê de ridículo. Há um estudo de Salvatore Attardo e Lucy Pickering em que eles referem vários destes problemas. Começam por dizer que, apesar de a noção de *timing* no humor ser frequentemente apontada como muito importante, há pouca coisa publicada sobre o assunto. Depois, dão-se ao trabalho de cronometrar, em centésimos de segundo, o tempo de pausa feito antes da *punchline* em vinte momentos cómicos analisados. A conclusão do estudo parece apontar no sentido de não haver uma pausa significativa antes da *punchline*. Mas julgo que é possível continuar a afirmar que há uma altura exacta para dizer a *punchline*, e que essa altura está claramente ligada a uma gestão do silêncio.

Deixem-me dar dois exemplos muito diferentes. O primeiro é esta intervenção de Christopher Hitchens no início de um debate, em que ele se refere ao modo como o anfitrião do debate o apresentou. Diz ele:

> Obrigado por essa apresentação suspeitamente sucinta. De todas as apresentações que já me fizeram esta é sem dúvida a mais [pausa] recente.*

Todos concordamos, acho eu, que aquele pequeno silêncio é parte essencial da piada. Após uma pausa para pensar, não esperamos que a qualificação da apresentação seja feita com um adjectivo tão prosaico, meramente factual.

---

* Podem vê-lo aqui: youtube.com/watch?v=XcokbM4tBYE (minuto 6:04 a 6:18).

Sobre uma coisa importantíssima

No sentido oposto, repare-se no que acontece numa cena da série americana *The Office*. Phyllis está a explicar a Erin a forma como conquistou o marido:

> Sabes o que foi preciso para que o Bob reparasse em mim? Esperei no escritório dele todas as manhãs a usar apenas umas orelhas de gato. Fiz isso todos os dias, ao longo de duas semanas. Ao décimo dia ele entrou, também todo nu, usando apenas um nariz de cão. Adivinha o que fizemos a seguir.*

Embaraçada, Erin procura desviar a conversa e começa a falar. Phyllis interrompe imediatamente e diz: "Bestialismo". Também me parece claro que, neste caso, a ausência de pausa, a precipitação ao dizer a última palavra, é indispensável, e a piada não funcionaria se fosse dita de outro modo.

Há um texto de Mark Twain, chamado "How to Tell a Story" (que, na verdade, é sobre como contar uma história humorística), em que o autor fala várias vezes nessa misteriosa pausa que precede a *punchline*. Exemplifica contando uma história na qual, segundo

---

* 25º episódio da 7ª temporada (minuto 19:35).

ele, a pausa que quem conta deve fazer antes da frase final é o aspecto mais importante. E termina dizendo

> [...] é preciso fazer a pausa no sítio exacto; e descobri-lo é a tarefa mais complicada e exasperante que alguma vez levaram a cabo.

Talvez seja importante referir ainda que a noção de *timing* não interessa apenas num texto dito. Nos textos escritos também encontramos a intenção de gerir a tensão de que temos falado, de esticar o elástico da fisga até ao ponto certo. É possível que seja mais difícil de fazer, mas há maneiras de o conseguir. Por exemplo, há um outro texto de Mark Twain que diz assim:

> John Wagner é o homem mais velho de Buffalo — cento e quatro anos de idade — [...] e no entanto nunca tocou numa gota de álcool na vida — a não ser — a não ser que whisky conte.

Aquela repetição está no texto, entre travessões, e é evidente a razão pela qual ali está. Em *A causa das coisas*, que a Bertrand reeditou em 2021, Miguel Esteves Cardoso escreve uma crónica chamada "Merda", que começa assim:

Sobre uma coisa importantíssima

> Aquilo que está cada vez pior, isto segundo a mais divulgada opinião pública, é esta merda. [...] Que merda, afinal, vem a ser esta? É, pelos vistos, uma merda que está cada vez pior. Deve ser, por conseguinte, o agravamento de uma merda que já esteve melhor. [...] As pessoas sofrem, é certo, com esta merda. [...] Antigamente, se bem se lembram, esta merda não ia estando, como agora, cada vez pior. [...] Valha-nos, ao menos, ainda haver quem adore esta merda. Os estrangeiros, por exemplo. Quantos portugueses discordam da noção básica de que "os estrangeiros se pelam por esta merda"? Nenhum. [...] E se, por acaso, algum estrangeiro calha não se pelar, é garantido que qualquer português digno do nome o mandará, infalivelmente, à merda.

Aquelas expressões entre vírgulas têm o propósito de atrasar o final da frase. Retardar o momento do prazer produz, como sabemos, o efeito de tornar o prazer maior e mais intenso. Recordo que continuamos a falar de comédia. Há um episódio muito famoso da história da comédia que talvez nos interesse aqui. É o programa de rádio (mais tarde seria também um programa televisivo) *The Jack Benny Program*. Jack Benny era um comediante conhecido especialmente pelo seu *timing* impecável. Na histórica edição de 28 de março de 1948, a personagem de Benny, conhecida por ser muito forreta (esta parte é importante), é abordada por um ladrão:

— O dinheiro ou a vida. [Longa pausa.]
— O dinheiro ou a vida!
— Estou a pensar!*

Anos mais tarde, em 1969, Benny foi convidado a recordar os pontos altos da carreira, no *The Hollywood Reporter*. Esta rábula é a primeira que ele cita, dizendo que costuma ser considerada a que produziu a maior gargalhada da sua vida, na rádio ou na televisão.

Sendo o *timing* tão decisivo como difícil de definir, há quem pergunte se esta sensibilidade para a altura exacta em que uma coisa deve ser dita pode ser ensinada. Há uns místicos que dizem que não. Temos escolas de belas-artes, de dança, de música, de cinema, de arquitectura — tudo artes que, ao que parece, é possível ensinar. Mas há quem garanta que, por uma razão misteriosa qualquer (que, curiosamente, também não é referida),

---

* Podem vê-la aqui: youtube.com/watch?v=p_XkdmRkOLo (minuto 25:33 a 26:11).

Sobre uma coisa importantíssima

a comédia não se ensina nem se aprende. Muito esquisito. Pessoalmente, no entanto, acho que não se nasce com *timing*. Somos mamíferos iguais aos outros e esse não é um atributo que a gente traga do ventre materno.

Marvin Hamlisch, uma das duas únicas pessoas a ganhar o PEGOT (um Pulitzer, um Emmy, um Grammy, um Oscar e um Tony), conta o seguinte, a propósito da altura em que acompanhou Groucho Marx ao piano no espectáculo *An Evening with Groucho*, no Carnegie Hall:

> A certa altura, ele dizia uma piada e nós ensaiávamo-la, o *timing* exacto da piada, e ele ensinava-me. Depois parecia espontâneo. Trabalhávamos bastante, mas divertíamo-nos muito.

Ou seja, Groucho Marx ensaiava o *timing* exacto de uma piada, para depois tudo parecer espontâneo. Estranho. Parece mesmo uma arte igual às outras, em que se trabalha e pratica, em vez de se confiar em aptidões obtidas no útero. De facto, não faltam comediantes a referirem-se ao *timing* falando em treino e aprendizagem. Dou apenas alguns exemplos:

John Cleese, na sua autobiografia (*Ora, como eu dizia*), fala de como estudava obsessivamente o *timing* de Ronnie Corbett:

Eu observava o Ronnie C. como um falcão, porque ele jogava com o *timing*, às vezes arriscando pausas maiores do que eu alguma vez ousaria, e reparava como, por esperar uma fracção de segundo a mais antes de concluir a piada, ele acumulava a tensão e obtinha uma gargalhada maior.

E depois faz uma observação interessante:

Quando eu estava em forma o meu *timing* verbal era muito bom, em parte porque eu ouvia cuidadosamente a plateia, e era capaz de ajustar-me muito rapidamente à sua reacção. Há uma fracção de segundo, a seguir a dizer uma piada, em que temos de decidir se continuamos ou se esperamos pela gargalhada. [...] O *timing* depende da confiança. Não conseguimos fazer boa comédia se não estivermos relaxados. Acho que há um paralelismo exacto entre *timing* na comédia e no desporto: quando acertamos no momento exacto, a bola é disparada sem esforço. Mas isso só acontece quando estamos a jogar com confiança e nada nos constrange. É o mesmo com a comédia: qualquer ansiedade, qualquer tensão e o discurso deixa de fluir, fica forçado, perdemos o ritmo.

Ou seja, mais uma vez é a ideia de que o *timing* é qualquer coisa que se aprende, treina e depende da confiança, por oposição a um dom com o qual uns escolhidos nascem. Noutro ponto da autobiografia ele acrescenta: "Na comédia, é muito fácil falhar o *timing*". É uma habilidade, digamos assim, que é difícil dominar, e suficientemente frágil para ser afectada por vários factores alheios ao comediante.

Steve Martin, recordando o início da carreira, diz:

> Tive as minhas primeiras lições sobre actuar, embora não estivesse no palco. Absorvi o *timing* do Wally Boag, dizendo mentalmente a sua piada seguinte [...], e encarava a reacção da plateia como se fosse dirigida a mim.

Mais uma vez, o que está em causa é, obviamente, uma aprendizagem.

Allison Silverman, que foi guionista de *Late Night with Conan O'Brien*, *The Colbert Report*, *The Daily Show*, *The Office*, etc., responde assim quando lhe perguntam se recomenda aos aspirantes a autores de comédia que comecem por fazer comédia de improviso:

> Com certeza. Acho que há várias razões para que isso seja uma óptima ideia. Uma delas é que simplesmente se aprende *timing*.

No livro *Jack Benny and the Golden Age of American Radio Comedy* [Jack Benny e a era de ouro da comédia radiofónica americana], diz-se que "ele era brilhante a acrescentar ênfase cómica e emocional ao texto com o seu tremendo sentido de *timing*, e era capaz de treinar os outros actores e até não-profissionais" para que conseguissem ter o mesmo sentido apurado.

"HOLDING HIS BASE."

SURE CATCH STICKY FLY PAPER

CAPÍTULO VI

SOBRE MOSCAS

Em que o autor discorre chatamente sobre um bicho reles, inútil e sujo, e no fim descobre que esteve a escrever sobre si próprio. Antes de chegar a essa conclusão pouco surpreendente, revela conhecer em profundidade o pensamento de um autor grego, de um autor romano, de um autor guatemalteco, de um autor espanhol, de um autor sueco e de um autor americano — mas esse pensamento é sempre sobre moscas.

Um dia, durante as gravações do filme *The Gold Rush* [*Em busca do ouro*], Chaplin irritou-se de tal modo com uma mosca, que interrompeu uma reunião entre os criadores do filme e começou a persegui-la pelo estúdio com um mata-moscas. A certa altura, a mosca pousou numa mesa e Chaplin aproximou-se muito devagar, com o mata-moscas em riste. E depois parou e pousou o mata-moscas. "Que foi?", perguntaram-lhe. Ele respondeu: "Era outra mosca".

Acabo de cometer um pequeno delito. Comecei a falar sobre moscas sem primeiro recordar Augusto Monterroso. Sempre que alguém quer dedicar-se a pensar sobre moscas, coisa que acontece com muito menos frequência do que deveria, a lei manda que antes de mais nada o autor da reflexão cite o grande escritor guatemalteco. Augusto Monterroso é conhecido por ser o autor de um dos mais curtos contos da história da literatura. Título: "O dinossauro". Vou citar o conto na íntegra: "Quando acordou, o dinossauro ainda lá estava". Fim. E Monterroso é ainda mais conhecido pela célebre primeira frase de um texto chamado "As moscas", que é esta: "Há três temas: o amor, a morte e as moscas". O texto continua assim: "Desde que o Homem existe, esse sentimento, esse temor, essas presenças têm-no acompanhado sempre.

Tratem outros dos dois primeiros. Eu ocupo-me das moscas, que são melhores do que os homens, mas não do que as mulheres". Este fascínio com as moscas parece-me perfeitamente justificado. O escritor espanhol Enrique Vila-Matas conta (depois de citar devidamente Augusto Monterroso) que uma vez, quando estava na esplanada do Hotel Charleston, na cidade colombiana de Cartagena, uma mosca incomodativa começou de repente a afogar-se num sumo de tomate. E ele resolveu matá-la despejando-lhe em cima uma grande quantidade de sal e pimenta. Concedo que não é das histórias mais interessantes de sempre, mas revela duas ou três coisas significativas acerca das moscas. A primeira é que são irritantes, a segunda é que são gulosas, a terceira é que os seres humanos recorrem a meios desproporcionais para as matar.

Um magnífico livro sobre a obsessão por moscas chama-se *The Fly Trap* [A armadilha para mosca]. É o título da tradução inglesa. O nome da edição original sueca eu não consigo pronunciar. O autor é o entomologista sueco Fredrik Sjöberg, que estuda as moscas-das-flores. O mundo dos insectos é demasiado vasto, e mesmo o das moscas é demasiado grande para poder ser abarcado, e por isso Sjöberg escolheu as moscas-das-flores, um tipo de mosca que, inteligentemente, para se proteger dos predadores, tem um aspecto muito semelhante ao de uma abelha. É disso que Sjöberg fala — não sem antes citar, na epígrafe, Augusto Monterroso, evidentemente. O livro mistura autobiografia, história da entomologia, e reflexões sobre a natureza, o silêncio, a solidão, o infinitamente pequeno, a obsessão. Andrew Brown, na *Literary Review*, chamou-lhe *"one of the most delight-filled books I have read in years"*, um dos livros mais cheios de delícias que li em anos. Pode parecer surpreendente mas o livro ganhou, em 2006, na Suécia, um prémio de literatura humorística. Provavelmente por causa de parágrafos como este:

> A literatura entomológica que rapidamente começou a encher a minha casa na ilha fala de um cientista finlandês chamado Olavi Sotavalta, cujos interesses incluíam uma investigação sobre as frequências das asas dos insectos. Em particular, ele ocupava-se dos mosquitos--pólvora, que conseguem atingir uma frequência impressionante de 1.046 batimentos de asa por segundo. Instrumentos sofisticados no seu laboratório permitiam que ele fizesse as suas medições de forma exacta e inequívoca, mas tão importante para a pesquisa de Sotavalta era a sua maravilhosa musicalidade e o facto de ter ouvido absoluto. Ele podia determinar a frequência

simplesmente ouvindo o zumbido, e a sua fama foi estabelecida quando, numa famosa experiência, conseguiu aparar as asas de um mosquito-pólvora para aumentar a frequência além dos limites do que parecia possível. Aqueceu o minúsculo corpo do mosquito alguns graus acima do normal e cortou as suas asas com um bisturi para minimizar a resistência do ar, após o que o pequeno bicho alcançou nada menos que 2.218 batimentos de asa por segundo. Isto foi durante a guerra.

A obsessão pelo que é insignificante é uma estratégia humorística eficaz. Resta saber se as moscas são um assunto insignificante. No seu famoso "Elogio da mosca", Luciano de Samósata escreve:

> Da sua coragem e da sua bravura não preciso de ser eu a falar, mas sim o mais grandiloquente dos poetas, Homero. De facto, ao pretender elogiar o melhor dos heróis, compara a sua bravura não à de um leão, de um leopardo, ou de um javali, mas sim à audácia da mosca e à intrepidez e tenacidade da sua arremetida. O poeta não diz que ela tem *thrásos*, "descaramento", mas sim *thársos*, "audácia".

Luciano refere-se a cenas como aquela, na *Ilíada*, em que as tropas gregas começam a aglomerar-se, perto de Tróia. Além de comparar os guerreiros com o fogo violento, com touros e com pássaros cujos gritos fazem ressoar toda a pradaria, Homero diz:

> *Tal como as muitas raças de moscas enxameantes,*
> *que zumbem através da propriedade do pastor*
> *na estação primaveril, quando o leite enche os baldes —*
> *assim contra os Troianos estavam os Aqueus de longos cabelos*
> *posicionados na planície, desejosos de os desmembrar.*

No entanto, talvez a nossa opinião acerca das moscas esteja mais longe do poema de Homero e mais próxima do poema "The Fly", de Ogden Nash:

> God in His wisdom made the fly
> And then forgot to tell us why.

> *Deus, na sua sabedoria, criou a mosca*
> *e depois esqueceu-se de nos dizer porquê.*

Parece-me que é isto: nós não compreendemos a mosca, nem a razão da sua existência. É inútil. Não é admirável, como a abelha e a formiga, que são obreiras. É chata e gulosa, como sabe toda a gente que já tentou fazer um piquenique em paz. Dizem que tem um apetite sexual insaciável. É porca, obcecada não só por excrementos mas por qualquer matéria morta. Está associada à morte e ao demónio. Os dicionários etimológicos esclarecem que a palavra Belzebu, um dos nomes do diabo, provém do termo hebraico que significa "senhor das moscas".

Ainda assim, a criação dotou-a de um sofisticadíssimo sistema de defesa que torna quase impossível apanhá-la. De quem é que o Criador gosta mais: de mim, que muitas vezes não consigo desviar-me de ameaças que estão mesmo à minha frente; ou de uma mosca, que é capaz de se esquivar de inimigos vindos de todo o lado? Eu ou a mosca: em qual destes animais se fez um investimento mais forte em protecção e segurança? A resposta parece-me evidente.

Mais: há dias, soube que os cientistas descobriram que as moscas zumbem em fá. As moscas, todas as moscas do mundo, quando voam, produzem a nota musical fá. O cuidado que foi posto na criação da mosca, a minúcia com que a obra foi feita é tal que alguém ou alguma coisa se dedicou a pormenores como este: as moscas zumbem impecavelmente afinadas. Em contraponto com o esmero e o rigor milimétrico com que as moscas foram feitas, eu subo uma escada e os meus dois joelhos estalam. Cada um na sua nota.

Provavelmente por despeito, exactamente o mesmo despeito de Caim, nós damos à mosca tratamento igual ao que reservamos para os piores criminosos: a morte por electrocussão. As tascas instalam aqueles aparelhos de lâmpadas roxas que fritam moscas, nós adquirimos umas raquetes que fritam moscas.

E, no entanto, a mosca é, para todos os efeitos, inofensiva. Chegámos finalmente ao ponto essencial da minha tese, que é este: quem mais é que é irritante, inútil, reles, frequentemente apontado como diabólico e atraído por excrementos? Quem mais é que, além disso, é guloso — como Falstaff, por exemplo? Quem mais é que é dotado de uma espécie de invulnerabilidade e tem uma obsessão com a morte? Preciso de dizer? É o humorista.

Portanto, é possível que aquela história com a qual começámos esta conversa não seja o que parece. Ninguém desperdiçaria assim a oportunidade de matar uma mosca, nem mesmo Chaplin, nem mesmo para fazer aquela excelente rábula. Acontece que Chaplin deve ter percebido naquele momento que moscas e humoristas são almas gémeas. Aquilo que ele fez ao poupar a vida da mosca não foi uma piada. Foi solidariedade profissional.

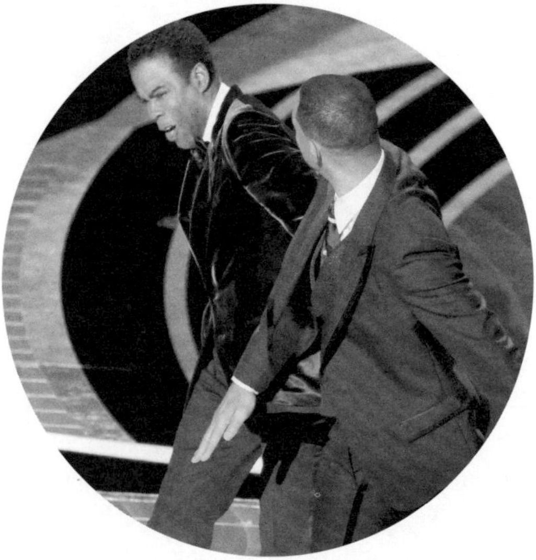

CAPÍTULO VII

SOBRE BATER EM HUMORISTAS

Em que o autor discorre chatamente sobre uma lei medieval que dava a cidadãos ofendidos o direito de espancar e matar um determinado tipo de criminoso. Depois avança oitocentos anos e verifica que no nosso tempo continua a ser possível espancar impunemente certos engraçadinhos. Cita um bocado de um livro checo e outro de um autor francês que levou três tiros. Refere algumas piadas que assassinaram pessoas e algumas pessoas que foram assassinadas por causa de piadas. Recorda o conceito de comédia do comissário soviético Anatóli Lunatcharski, que é muito parecido com o conceito de comédia de alguns comissários contemporâneos.

Quem diz bater diz matar. Em 1997, quando ganhou o prémio Nobel da Literatura, o escritor italiano Dario Fo proferiu um discurso intitulado "Contra jogulatores obloquentes". Significa qualquer coisa como "Contra gracejadores maledicentes". É o nome de uma lei de Frederico II, imperador do Sacro Império Romano-Germânico, publicada em 1221. "A lei em questão", diz Dario Fo, "permitia a todos e quaisquer cidadãos insultar, espancar, ou até — se estivessem nessa disposição — matar os gracejadores, sem correrem o risco de serem levados a julgamento e condenados." Fo terminava esse parágrafo dizendo: "Apresso-me a garantir-vos que esta lei já não está em vigor, pelo que posso prosseguir em segurança". Acontece que, embora seja certo que aquela lei já não existe, há boas razões para considerar que o espírito da lei perdura. Refiro-me à ideia segundo a qual uma piada é uma agressão, e que por isso uma resposta justa e adequada é outra agressão.

Oitocentos anos depois da publicação daquela lei, o gracejador Chris Rock disse uma piada e o cidadão ofendido Will Smith respondeu com uma agressão. Foi na cerimónia dos Óscares de 2022. Após cometer o crime (não sei se tenho de recordar que agredir uma pessoa, mesmo um humorista, é crime; chama-se "ofensa à integridade física simples"; é o artigo 143º do código penal), Will Smith voltou a sentar-se, ordenou duas vezes, aos gritos, que Chris Rock não mencionasse o nome da sua mulher, e ninguém interveio. Nem a polícia deteve o criminoso, nem a organização o intimou a abandonar a sala por, manifestamente, não saber comportar-se. Nada. Cerca de uma hora depois, Will Smith estava a ser aplaudido de pé, enquanto pedia desculpa a toda a gente menos ao agredido, e justificava o seu comportamento com o "amor", que "nos faz fazer coisas malucas", e com o nobre propósito de "proteger a família".

Vale a pena recordar o contexto daquele significativo acontecimento. Em dezembro de 2021, o canal Entertainment Tonight emitiu uma reportagem sobre o modo como Jada Smith estava a lidar com o facto de ter alopecia.* Primeiro, apareciam imagens que a actriz tinha publicado no Instagram, nas quais contemplava descontraidamente a sua cabeça rapada e dizia: "Nesta altura só me resta rir-me". A acompanhar as imagens, Jada tinha escrito: "Aqui a mamã vai

---

* Disponível em: youtube.com/watch?v=8a93q1We4E0.

ter de rapar a cabeça toda, para que ninguém pense que ela foi operada ao cérebro, ou assim [emoji a rir com a língua de fora e a piscar o olho]. Eu e esta alopecia vamos ser amigas... ponto final! [emoji a rir, com os olhos substituídos pelos sinais de maior e menor que]". A seguir, a reportagem lembrava que, em julho, a actriz tinha publicado uma fotografia em que tanto ela como a filha apareciam com a cabeça rapada, com a legenda: "A Willow [a filha] obrigou-me a fazer isto porque já era tempo de me libertar, mas... os meus cinquenta anos estão prestes a ser divinamente iluminados por esta rapadela [emoji de coração seguido de emoji a rir com a língua de fora e a piscar o olho]". Por fim, o canal recordava a participação de Jada num *talk show*, em setembro, onde, entre risos, havia declarado que adorava a sua nova aparência e que rapar o cabelo tinha sido uma experiência muito libertadora.

Três meses depois desta jovial reportagem, Chris Rock entrou em palco e não disse: "Jada, adoro-te. Estou ansioso pelo *remake* do *Kojak*", insinuando que ela estava parecida com Telly Savalas. Disse: "Jada, adoro-te. Estou ansioso pelo *G.I. Jane 2*", sugerindo que ela estava parecida com Demi Moore quando esta desempenhou o papel de uma valente guerreira. Ou seja, a piada comparava uma linda estrela de Hollywood que está orgulhosa da sua aparência com outra linda estrela de Hollywood quando interpreta o papel de uma personagem admirável. Uma selvajaria, portanto. Não admira que a violência física seja uma resposta aceitável.

De facto, a ideia de que uma piada é uma espécie de delito, ao qual se pode e deve reagir com uma agressão física, não é propriamente extravagante. O bobo do rei Lear está sempre sob ameaça: "Cuidado, velhaco. Olha o chicote". No início de *O bom soldado Švejk*, de Jaroslav Hašek, o protagonista está numa cervejaria, a comentar o atentado ao arquiduque Francisco Ferdinando. Alguém faz a seguinte observação:

> — Aqui costumava estar pendurado um quadro do Imperador, nosso Senhor [...]. Precisamente onde agora está o espelho.

O dono da cervejaria responde:

> — Pois aí tem razão [...], estava ali pendurado e cagavam nele as moscas, por isso guardei-o no sótão. Sabe como é, ainda alguém poderia permitir-se um comentário, e podiam vir daí ralações. E eu preciso disso?

A certa altura, um dos frequentadores da cervejaria identifica-se como inspector da polícia política e leva os outros para a prisão. "Porquê eu?", pergunta o dono da cervejaria.

> — Porque disse que as moscas estavam a cagar em cima do Imperador, nosso Senhor. Deixe lá que já lhe vão tirar o Imperador, nosso Senhor, da cabeça.

À chegada à prisão, Švejk pergunta aos outros seis presos a razão pela qual estão presos. Cinco respondem que estão ali por causa de comentários sobre o atentado. Cito o parágrafo seguinte:

> O sexto, que evitava os outros cinco, disse que não queria ter nada a ver com eles, para não cair sobre si qualquer suspeita, e que só estava ali pela tentativa de assassínio de um pai de família [...], por ocasião de um assalto à mão armada.

Julgo que simpatizamos todos com a atitude deste delinquente e com a sua tentativa de não ser confundido com os verdadeiros criminosos, que tinham sido presos por delitos bem mais graves.

Em nome da honestidade, devo reconhecer que, de facto, as piadas são perigosíssimas e podem matar.

Numa das poucas vezes em que tive a sorte de falar com o Raul Solnado, perguntei-lhe:

> — Há uma lenda segundo a qual, no decurso de um espectáculo seu, uma senhora na plateia riu tanto que acabou por morrer. Isso é verdade?

Ele disse:

> — Não, Ricardo. Foram duas. Mas também houve uma senhora grávida que se riu a ponto de ter o bebé no teatro. Portanto, está 2 a 1. Não é um resultado assim tão mau.

Há registo de mais piadas assassinas. Dizem que Martim I de Aragão, depois de comer uma refeição temperada com demasiados afrodisíacos, ficou de cama com febres altíssimas. Borra, o seu bobo, foi visitá-lo e fez um comentário acerca de o rei ter ficado doente por causa dos afrodisíacos antes de poder beneficiar do seu efeito. O rei riu tanto que morreu sem que o padre chegasse a tempo de lhe dar a extrema-unção.

Na maior parte das vezes, no entanto, é o bobo que morre, ou quase, por causa de uma piada. Uma vez, um nobre ofendido ameaçou matar o famoso Triboulet, bobo da corte de Francisco I de França. Triboulet pediu protecção ao rei, que lhe garantiu o seguinte: se o nobre cumprisse a promessa e o matasse, seria enforcado no intervalo de um quarto de hora. Triboulet perguntou:

— Não dá para o enforcar um quarto de hora antes de ele me matar, em vez de um quarto de hora depois?

E em 1532, Zuñiga, bobo da corte de Carlos v, foi vítima de outro aristocrata ofendido. Quando o levaram para casa, já moribundo, a mulher perguntou:

— O que se passou?

E ele próprio, provavelmente conformado com o facto de aquela ser uma ocorrência normal, respondeu:

— Nada de especial, Senhora, excepto que mataram o seu marido. ("*No es nada, señora, sino que han muerto vuestro marido.*")

Em 1943, o padre Joseph Müller contou a seguinte anedota:

Um soldado alemão moribundo pede à enfermeira que lhe ponha um retrato de Hitler de um lado da cama

Sobre bater em humoristas

e um retrato de Göring do outro. E depois diz: agora posso morrer como Jesus Cristo. Com um criminoso de cada lado.

O padre foi preso e interrogado, mas recusou revelar quem lhe tinha contado a anedota. No dia 28 de julho de 1944 foi julgado e condenado à morte e no dia 11 de setembro desse ano foi executado. Desde o fim da Segunda Guerra Mundial, os sinos da igreja de Gross Düngen, a sua pequena aldeia natal, tocam sempre no dia 11 de setembro.

No mesmo ano em que o padre contou a anedota, em 1943, um advogado americano chamado Nat Schmulowitz publicou nos Estados Unidos um livrinho de quinze páginas chamado *The Nazi Joke Courts* [Os tribunais nazistas de piadas]. O assunto é, como o próprio nome indica, o tipo de tribunal especial em que Joseph Müller foi julgado. Esses tribunais faziam cumprir novas regras, como uma proibição imposta por Himmler que impedia polícias e camponeses alemães de chamarem Adolfo aos seus cavalos ou animais domésticos. Segundo Schmulowitz, um *cartoon* da época mostrava um soldado, junto de um cavalo que tinha uma franja e um bigodinho muito característicos, a dizer a um oficial: "A sério, chefe, juro que o nome dele é Winnie".

Uma anedota muito popular nesta altura fazia referência a estes tribunais:

Um juiz está num café com um amigo e de repente começa a rir.
— Hoje ouvi uma piada muito engraçada — diz ele.
— Conta! — pede o amigo.
— Não posso. Acabei de condenar o homem que a contou a dez anos de prisão.

Na União Soviética, algumas piadas eram consideradas "agitação anti-soviética", e punidas ao abrigo do célebre artigo 58-10 do código penal. Jonathan Waterlow, no livro *It's Only a Joke, Comrade!* [É só uma piada, camarada!], conta que em abril de 1929 teve início, no jornal literário *Literaturnaia Gazeta*, um interessante debate, que se prolongou pelos dois anos seguintes, sobre se o humor em geral e a sátira em particular teriam um lugar na nova sociedade soviética. Para ajudar a decidir o debate, foi criada, em 1930, a Comissão para o Estudo do Género Satírico na Arte e na Literatura, que chegou à seguinte conclusão: a sátira poderia continuar a existir, desde que usada para fazer o Bem. Anatóli Lunatcharski resumiu a ideia desta forma: "A tarefa da comédia soviética é 'matar com o riso' os inimigos e 'corrigir com o riso'" aqueles que são leais ao regime. Mesmo os que são leais precisam de um toquezinho de vez em quando, como se sabe. Por isso, o Comissariado do Povo para os Assuntos Internos entretinha-se a perseguir e prender quem fosse apanhado a contar anedotas como esta:

> — Dimitri, arranjei um emprego. Vou para o cimo daquela torre e o meu trabalho é estar atento. Quando o mundo perceber que o nosso regime é o melhor e a revolução finalmente triunfar, sopro nesta corneta. Pagam-me um rublo por dia.
> — Ivan, isso é pouquíssimo.
> — Eu sei, Dimitri. Mas é um trabalho para a vida toda.

Regimes actuais, como o da Bielorrússia, continuam a perseguir e punir quem conta piadas críticas do governo. As próprias anedotas são prova disso. Uma que se conta em Minsk, de preferência quando ninguém está a ouvir, diz assim:

> Lukashenko e Biden estão a discutir qual é o país mais democrático, os EUA ou a Bielorrússia. Biden insiste que é a América e argumenta o seguinte:
> — Nos Estados Unidos as pessoas podem ir para a rua gritar que o Biden é um idiota e não lhes acontece nada.

Lukashenko responde:

— Na Bielorrússia as pessoas também podem ir para a rua gritar que o Biden é um idiota e não lhes acontece nada.

Na véspera de Natal de 2019, a sede do colectivo humorístico brasileiro Porta dos Fundos foi atacada com *cocktails molotov* por causa de um filme humorístico sobre Jesus Cristo. Um tribunal de justiça do Rio de Janeiro resolveu agir imediatamente — e suspendeu o filme. A medida destinava-se a "acalmar os ânimos", dizia a sentença. Não tinha sido cometido um crime, havia ânimos exaltados.

E no dia 7 de janeiro de 2015, dois terroristas armados entraram nos escritórios do jornal satírico francês *Charlie Hebdo* e abateram a tiro doze pessoas, ferindo outras onze, por causa de *cartoons* sobre Maomé. Mais uma vez, a condenação de uma reacção desta violência a desenhos satíricos não foi unânime. Mesmo quem condenou o ataque não deixou de usar a adversativa do costume. Uma semana após o atentado, o papa, a bordo de um avião, condenou a chacina mas — o "mas" é dele —, "mas, se aqui o sr. Gasparri, meu amigo, disser uma coisa feia sobre a minha mãe, deve esperar um soco.

É normal". E repetiu: "É normal". E acrescentou: "Não se pode provocar, não se pode insultar a fé dos outros, não se pode fazer pouco da fé. Quem brinca (*giocattoliza*) com a fé dos outros está a provocar".

Um desses jogulatores obloquentes que estavam presentes naquela manhã, na redacção do *Charlie Hebdo*, era um homem chamado Philippe Lançon — que, apesar de ter sido atingido, sobreviveu. Escreveu um livro chamado *O retalho*, em referência ao retalho de carne que uma das balas lhe arrancou do rosto. A certa altura do livro, ele diz o seguinte, acerca do convívio com os seus amigos no momento anterior ao ataque:

> Sublinho isto, caro leitor: naquela manhã, como em todas as outras, o humor, a gritaria e uma forma teatral de indignação eram os juízes e os guias, os génios bons e maus, numa tradição muito francesa que valia o que valia, mas o que se seguiria mostrou que a maior parte do mundo não aprecia [esse exercício]. Eu tinha levado algum tempo a livrar-me da seriedade para conseguir aceitá-la — e, além disso, não tinha sido totalmente bem-sucedido a fazê-lo. Não tinha sido programado para o compreender e nessa altura, como a maior parte dos jornalistas, eu era um burguês. À volta daquela mesa estavam artistas e militantes, mas poucos jornalistas e

ainda menos burgueses. O Bernard Maris permaneceu no *Charlie Hebdo* nos últimos anos sem dúvida pela mesma razão que eu: porque se sentia livre e à vontade, lá. Dizer disparates sobre um escritor ou um acontecimento não tinha importância, desde que conduzisse a outra coisa que o transformasse: uma ideia, uma piada, ou um desenho. As palavras corriam como cães famintos de uma boca para a outra. Na melhor das hipóteses, encontravam uma presa. Na pior, não iam a lado nenhum e eram esquecidas entre um copo vazio e um papel gorduroso. Pessoas obcecadas com a sua competência escrevem artigos rigorosos, sem dúvida, mas acaba a faltar-lhes imaginação. Aqui dizíamos ou gritávamos muitas coisas vagas, falsas, banais, idiotas e espontâneas, dizíamo-las do mesmo modo que as pessoas se espreguiçam. Mas, quando resultava, seguia-se a imaginação. E tudo era feito com a falta de gosto suficiente para que não fôssemos poupados a nenhuma das suas consequências.

Há um grupo de pessoas estranhas que, apesar de tudo, insiste em fazer este exercício, tão desprezado, de se livrar da seriedade, imaginar coisas que outros consideram de mau gosto, e submeter-se às consequências. Vamos esperar que as consequências sejam cada vez menos graves.

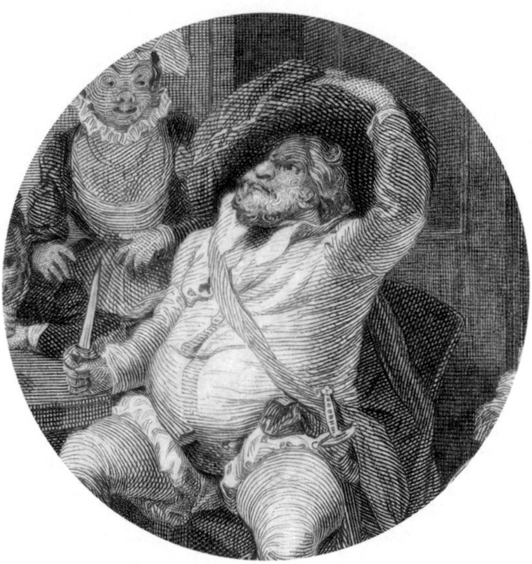

CAPÍTULO VIII

SOBRE POLÍTICOS E PALHAÇOS

Em que o autor discorre chatamente sobre duas personagens de uma peça inglesa do século XVI. Engendra uma teoria segundo a qual reinar é diferente de reinar. Cita diversos casos em que as previsões sobre o extraordinário poder do humor não se concretizam.

No drama histórico *Henrique IV*, de Shakespeare, o que me interessa mais é a relação entre o príncipe Hal, que há-de vir a ser o rei Henrique V, e Falstaff. Falstaff é, como se sabe, preguiçoso, fanfarrão, gatuno, bêbado, vigarista, glutão, cobarde — a lista de defeitos é muito extensa —, e o príncipe, para desgosto do seu pai, insiste em conviver com ele e com o grupo de pequenos bandidos que o rodeiam. Logo no início da peça, vemos o príncipe no meio dos delinquentes, numa taberna. A certa altura, Hal abandona-os e faz um monólogo em que revela claramente as suas intenções. É na cena II do primeiro acto:

> Sei bem quem sois, e por enquanto amparo
> Os humores sem freio da vossa ociosidade.
> Mas nos meus actos hei-de imitar o Sol,
> Quando permite que as nuvens peçonhentas
> Ao mundo ocultem toda a sua beleza,
> Para que ele, sentida a sua falta,
> Reapareça, e seja então maior o espanto
> Por irromper das feias e nojentas brumas
> De vapores que o pareciam sufocar.
> Se todo o ano fosse feito de feriados,
> Cansava o folguedo o mesmo que a labuta;
> Mas como são raros, então são desejados,

Sobre políticos e palhaços

Já que nada agrada senão o que é fugaz.
Quando eu me despir desta imoral conduta
E pagar a dívida nunca prometida,
Por quanto melhor sou do que a minha palavra,
Tanto mais valerei do que de mim esperam.
E como metal brilhante em fundo escuro,
A minha emenda, a luzir sobre o meu erro,
Surgirá mais vistosa, mais atenção terá
Se comparada com a que não tem contraste.
Ao ofender, farei da ofensa engenho
E hei-de remir o tempo quando ninguém esperar.*

Ou seja, o comportamento de Hal é, na verdade, uma estratégia política. O plano consiste, por estranho que possa parecer, em obter propositadamente uma má reputação, para que depois, quando chegar a sua vez de herdar o trono, e se apresentar subitamente honrado e íntegro, a regeneração seja mais impressionante. Na altura em que, como ele diz, se despir da imoral conduta, será como o Sol quando as nuvens negras o descobrem e o seu brilho parece mais intenso.

---

* Tradução de Gualter Cunha (Relógio D'Água, 2013).

De Falstaff também se pode dizer que tem uma estratégia, mas não é política. É humorística. É uma estratégia que parte da seguinte verificação: há uma insuperável desigualdade de forças entre nós e o mundo. O peso das coisas é demasiado difícil de suportar. Mas o mundo, aparentemente sólido e inexpugnável, tem uma vulnerabilidade — talvez a única. Permite que o olhemos de mais do que uma maneira. Apontar-lhe as ambiguidades não é apenas uma artimanha — é uma pequena vingança. Umas vezes essa ambiguidade é manifesta, outras vezes é fabricada por um tipo de raciocínio astucioso e ágil que costumamos reconhecer nos burlões. Falstaff é um mestre no ofício de fazer desfeitas ao mundo através dessa estranha forma de pensar que é capaz de vergar a lógica das coisas de modo que elas sirvam o nosso conforto. Tanto Hal como Falstaff levam uma vida de pecado, mas Hal peca por amor ao poder; Falstaff peca por amor ao pecado. Hal está bêbado de ambição; Falstaff está bêbado de álcool, mesmo.

Na cena IV do segundo acto, o príncipe Hal e o seu companheiro Poins resolvem pregar uma partida a Falstaff: mascarados, fazem-lhe uma emboscada durante a noite; ele assusta-se e foge imediatamente, deixando para trás o dinheiro que tinha acabado de roubar a outros. Mais tarde, na taberna, sem saber que está a falar com os seus assaltantes, Falstaff conta a Hal e Poins o que aconteceu, fazendo ligeiras alterações à história do seu encontro com os ladrões:

FALSTAFF
Já não há rezas nem meias rezas que lhes valham, dois deles fi-los eu em fanicos. Dois tenho a certeza de que arrumei, dois sacanas de fatos engomados. É o que te digo, Hal, e se for mentira podes cuspir-me na cara e chamar-me cavalo. [...] Quatro sacanas engomados atiraram-se a mim...

PRÍNCIPE
Quatro? Mas ainda agora disseste que eram dois.

FALSTAFF
Quatro, Hal, eu disse quatro.

POINS
Sim, sim, ele disse quatro.

FALSTAFF
Avançaram os quatro juntos e atiraram-se principalmente a mim. Não estive com mais nada, parei as sete pontas das espadas no meu broquel, assim!

PRÍNCIPE
Sete? Mas ainda agora eram só quatro.

FALSTAFF
[…] Sete, juro por este punho da espada, ou eu seja um miserável.

PRÍNCIPE
Deixá-lo, vão já ser mais.

FALSTAFF
[…] Dizia eu que esses nove todos engomados…

PRÍNCIPE
Portanto, já são mais dois.

FALSTAFF
[…] Começaram a ceder terreno. Mas eu não os larguei, deitei-me a eles, e lesto como um pensamento, dos onze logo ali aviei sete.

PRÍNCIPE
Que monstruosidade! De dois homens engomados saíram onze!

O príncipe deixa que Falstaff termine o seu relato aldrabão e depois revela-lhe o que ele e Poins tinham feito:

PRÍNCIPE
Nós dois vimos vós os quatro a deitar a mão a quatro, a amarrá-los e a tomar conta do dinheiro deles — tomai agora nota de como uma história simples vos deita por terra. Então nós os dois deitámos a mão a vós os quatro e num abrir e fechar de olhos arrecadámos o vosso saque, que temos connosco aqui em casa e vos podemos mostrar. E, meu caro Falstaff, vós levastes embora a vossa pança com tanta leveza, com tão lesta agilidade, e berrastes por piedade, e continuastes a correr e a berrar como nunca a um vitelo eu ouvi. Que abjecto tu és, para amolgares assim a tua espada e depois vires dizer que foi em combate. Que artimanha, que disfarce, que toca vais tu arranjar agora para te esconderes desta vergonha clara e descarada?

POINS
Vamos lá, Jack, que artimanha tens tu agora?

Ingenuamente, Hal e Poins acham que Falstaff habita o mesmo mundo que eles, um mundo em que a vergonha humilha, a desonra magoa, a cobardia rebaixa.

A resposta de Falstaff volta a revelar que ele vive de acordo com uma estratégia que o torna imune a agressões.

FALSTAFF
Valha-me Deus, eu reconheci-vos tão bem como quem vos fez. Oiçam cá, meus senhores, então acham que eu ia matar o herdeiro legítimo? Havia eu de me voltar contra o verdadeiro Príncipe? Vós bem sabeis que eu sou tão valente como Hércules. Mas respeito o instinto. O leão não toca no verdadeiro Príncipe. O instinto é uma coisa muito séria. Neste caso fui cobarde por instinto. Terei assim melhor opinião de mim, e de vós, para toda a vida — de mim como um valente leão, de vós como verdadeiro Príncipe.

Ou seja, através de um pequeno truque, Falstaff transforma a sua cobardia num gesto da maior nobreza. De facto, fugiu — mas não porque o seu carácter era desprezível, antes pelo contrário: por ser tão nobre que reconheceu, instintivamente, que estava na presença do futuro rei, e por isso não poderia atacá-lo. Enfrentá-lo com coragem teria sido a verdadeira ignomínia. Esta é a especialidade de Falstaff: transformar defeitos em virtudes, derrotas em vitórias, mudar as coisas sem lhes tocar, alterando apenas a maneira de olhar para elas.

Na primeira cena do quinto acto, Falstaff faz um discurso célebre a propósito de um valor supremo daquela época: a honra.

> Pode a honra endireitar uma perna? Não. Ou um braço? Não. Ou tirar a dor de uma ferida? Não. A honra então não tem jeito para a cirurgia? Não. O que é a honra? Uma palavra. O que há nessa palavra honra? O que é essa honra? Ar. Lindas contas! Quem a tem? O que morreu na quarta-feira. Ele sente-a? Não. Ouve-a? Não. Então não é sensível? Para os mortos, não. Mas não vive com os vivos? Não. Porquê? A calúnia não deixa. Portanto, não quero nenhuma. A honra é apenas um pendão para funerais. E assim termina o meu catecismo.

Talvez esta seja uma diferença essencial entre o mundo de Falstaff e o mundo de Hal. Para o príncipe, nada é mais importante do que a honra, tanto que vale a pena morrer por ela. É próprio de um guerreiro mostrar indiferença em relação ao corpo. Para Falstaff, isso é impensável. A única integridade que lhe interessa é a integridade física.

Três cenas adiante, Falstaff põe em prática o seu catecismo. Após uma luta com Douglas, Falstaff cai morto no campo de batalha. O príncipe descobre o seu cadáver e lamenta:

> O quê, velho conhecido, não pôde tanta carne
> Guardar uma exígua vida? Adeus, meu pobre Jack!
> [...]
> Mais tarde ou mais cedo vou ver-te estripado,
> Até lá jaz em sangue, e o nobre Percy a teu lado.

Quando o príncipe sai de cena, Falstaff levanta-se e diz:

> **FALSTAFF**
> Estripado? Se me estripares hoje, autorizo-te a que me temperes e ainda me comas amanhã. Raios me partam se aquilo não era altura para fingir, ou aquele arruaceiro escocês, furioso como estava, tinha saldado as minhas contas até ao último centavo. Fingir? Minto, eu não sou fingidor nenhum. Morrer é que é ser fingidor, porque quem não tem uma vida de homem é um homem a fingir. Mas fingir a morte, quando por via disso se vive, não é ser fingido, mas é ser antes a verdadeira e perfeita imagem da vida. A melhor parte da coragem é a discrição, e foi essa melhor parte que me salvou a vida.

Mais uma vez, Falstaff defende, com uma lógica irrepreensível, uma ideia que parece indefensável: que, entre um morto e alguém que finge estar morto, o fingidor é o defunto. E que a verdadeira coragem é discreta — e ninguém é mais discreto (e, por isso, mais corajoso) do que o cobarde que finge estar morto para evitar o combate.

Faltam duas cenas essenciais para compreendermos a diferença entre Falstaff e Hal. A quarta cena do segundo acto decorre na taberna, e eles resolvem fazer um pequeno jogo de imaginação. No dia seguinte, Hal será chamado à corte, e vai ser repreendido pelo pai. Decidem então simular esse encontro, para que Hal se prepare. É uma rábula em que imaginam o que acontecerá quando o príncipe for falar com o rei. Mas, nessa pequena peça de teatro, que encenam à frente dos amigos, Falstaff interpreta o papel do jovem príncipe, e o príncipe interpreta o papel do pai.

PRÍNCIPE
Então, Harry, de onde vindes?

FALSTAFF
Meu nobre senhor, venho de Eastcheap.

PRÍNCIPE
As acusações que contra ti me chegam são graves.

FALSTAFF
Pelas chagas de Cristo, meu senhor, é tudo falso! À minha fé que vos amimo como um jovem príncipe.

PRÍNCIPE
Tu praguejas, meu desgraçado rapaz? Nem sequer olhes para mim de ora em diante. Estás definitivamente afastado da graça. Há um demónio que te apoquenta na forma de um velho gordo, um tonel de gente que é teu companheiro. Porque te dás com esse baú de humores, esse crivo de bestialidade, esse inchado pacote de hidropisias, esse enorme caneco de seco, essa mala de porão atafulhada de tripas, esse boi assado com a pança recheada, esse reverendo Vício, essa Iniquidade encanecida, esse Avô Rufião, essa Vaidade caquéctica. Em que é ele bom, a não ser a provar seco e a bebê-lo? Em que é esmerado e limpo, a não ser a trinchar um capão e a comê-lo? Em que é hábil, a não ser em manhas? Em que é manhoso, a não ser em patifarias? Em que é patife, a não ser em tudo? Em que é honrado, a não ser em nada?

FALSTAFF
Pudera eu acompanhar a discorrência de Vossa Graça.
A quem se refere Vossa Graça?

PRÍNCIPE
A esse abominável patife desencaminhador da juventude,
Falstaff, esse velho Satanás de barba branca.

FALSTAFF
Meu senhor, esse homem sei eu quem é.

PRÍNCIPE
Eu sei que sabes.

FALSTAFF
Mas dizer que sei nele maior mal do que em mim seria dizer mais do que eu próprio sei. Lá que ele é velho, tanto mais se lamenta, os seus cabelos brancos são disso testemunho; mas agora que ele seja, com o devido respeito a vossa reverência, um putanheiro, isso eu inteiramente o nego. Se seco com açúcar for um crime, que Deus valha aos malfeitores! Se ser velho e alegre for pecado, então muito velho estalajadeiro que eu conheço há-de estar já condenado aos infernos.

Se por ser gordo se há-de ser odiado, as vacas magras do Faraó serão então amadas. Não, meu bom senhor! Apartai Peto, apartai Bardolph, apartai Poins; mas quanto ao doce Jack Falstaff, ao afável Jack Falstaff, ao fiel Jack Falstaff, ao valente Jack Falstaff — e ainda mais valente, sendo como é velho o velho Jack Falstaff — não aparteis o vosso Harry da sua companhia, não aparteis o vosso Harry da sua companhia. Apartai o gorducho Jack, e apartareis o mundo inteiro.

PRÍNCIPE
Eu o faço, eu o farei.

Quando diz esta frase, Hal já não está a imaginar que é o seu pai. Está a falar por si, a anunciar o que de facto irá fazer quando for rei. Está a cometer um delito dos mais execráveis: falar a sério no meio de uma brincadeira. É o tipo de pessoa perigosa de quem se costuma dizer que não sabe brincar. De todos os que participam nesta rábula, entre actores e espectadores, ele é o único que abandona o mundo da imaginação.

Falta o final da peça, em que o príncipe Hal sobe ao trono. É na cena v do quinto acto da segunda parte da peça. Falstaff apresenta-se na cerimónia de coroação,

Sobre políticos e palhaços

e tenta chamar a atenção do amigo para o saudar. O rei dirige-se a Falstaff nestes termos:

> Não sei quem és, ó velho. Vai às tuas rezas.
> Que mal ficam as brancas a um tolo e um bufão!
> Sonhei por muito tempo com um homem assim,
> Inchado à sobreposse, assim velho e profano,
> Mas agora acordado desprezo esse sonho.
> Olha menos ao corpo e mais à graça,
> Deixa a gulodice, que se arreganha o túmulo
> Três vezes mais para ti do que para os outros.
> Não me respondas com gracejo de tolo,
> Não me presumas a mesma coisa que eu era,
> Pois Deus bem sabe — e o mundo há-de perceber —
> Que eu mandei embora a minha antiga pessoa;
> E o mesmo farei com quem me acompanhava.

"Não sei quem és, ó velho", diz o rei. Recordo que, no início da peça, o seu primeiro solilóquio começa com as palavras "Sei bem quem sois". Ao rejeitar Falstaff, o príncipe segue o plano que delineou e cumpre a promessa que fez.

Com esta longuíssima introdução, quero chegar aqui: parece-me que é possível entender Hal como a corporização da ideia de política e Falstaff como a corporização da ideia de humor, ou de comédia. Ambas as ideias assentam numa forma de dissimulação, mas a estratégia do príncipe serve para enganar os outros, ao passo que a de Falstaff é um modo de enganar os outros mas, sobretudo, de se enganar a si próprio. Tanto a estratégia do príncipe como a de Falstaff têm como objectivo conseguir um benefício para aquele que a põe em prática. Mas são estratégias de natureza muito diferente. A estratégia política visa obter e reforçar o poder; a estratégia humorística é, ela própria, o poder. A estratégia política depende de um tipo de raciocínio convencional; a humorística depende da imaginação, e baseia-se na ideia de que pensar nas coisas da maneira certa é, quase sempre, insuportável. Quem aplica a estratégia política deseja assenhorear-se do mundo; quem aplica a estratégia humorística deseja assenhorear-se de si — para resistir ao mundo. É possível que o melhor resumo seja este: tanto Hal como Falstaff desejam reinar. Mas Hal deseja reinar no sentido próprio — de ocupar o trono e governar; Falstaff deseja reinar no sentido que damos à palavra na frase "os miúdos estão no jardim a reinar". Talvez seja por causa dessa confusão entre reinar e reinar que surgiu a ideia mitológica do enorme poder político do humor.

Sobre políticos e palhaços

*

Sempre que se fala no poder do humor (e poder no sentido político, de ser capaz de eleger deputados e derrubar governos), os argumentos são quase sempre os mesmos. Em outubro de 2022, um artigo do *Expresso* sobre o poder do humor acabava assim: "Na Ucrânia, o presidente Zelensky era um humorista político. Algum poder o humor terá…". O raciocínio é simples: um humorista foi eleito, logo, o humor tem poder. No entanto, não é preciso sair da Ucrânia para perceber que o argumento talvez tenha algumas fragilidades. O presidente da câmara da capital, Kiev, é Vitali Klitschko, que era pugilista. Nunca ninguém assinalou o poder do pugilismo. Nem mesmo quando Manny Pacquiao, outro pugilista, foi eleito para a Câmara dos Representantes, nas Filipinas, e mais tarde para o Senado. No Brasil, quando o palhaço Tiririca foi eleito deputado federal por São Paulo, voltou a falar-se do poder do humor. Mas, quando Alexandre Frota também foi eleito deputado federal por São Paulo, não se falou muito do poder político da pornografia. Que, ainda por cima, tinha antecedentes, uma vez que Cicciolina já fora eleita para o parlamento italiano. Do mesmo modo, quando Arnold Schwarzenegger foi eleito governador da Califórnia, ninguém se lembrou de alegar que talvez estivéssemos perante uma manifestação do poder dos filmes de acção. O que todas essas figuras têm em comum é o facto de serem celebridades. E, quando toca a ser eleito para um cargo público, é possível que o facto de se ser conhecido ajude. Mas a ideia do poder do humor está muito arreigada. A 17 de setembro de 2004, o humorista Jon Stewart, apresentador do *Daily Show*, foi entrevistado por Bill O'Reilly na Fox News. O programa começou assim:

> O'REILLY — Sabes o que é mesmo assustador? Tu tens de facto uma influência nestas eleições presidenciais.
> STEWART — Se isso fosse verdade seria mesmo assustador.
> O'REILLY — É verdade.

Esta era uma opinião bastante popular, e Stewart costumava ser confrontado com ela. Fazia o que podia para a desmentir, mas não era fácil. Numa entrevista à revista *Time*, perguntaram-lhe: "Mas então acha que o *Daily Show* não é influente?". Stewart respondeu: "Recomendo-lhe que olhe para o estado do mundo e depois compare com o estado em que eu gostaria que estivesse. E depois diga-me se eu tenho alguma influência". Em 2006, em entrevista à *Rolling Stone*,

Stephen Colbert disse: "Isto não significa que o que fazemos não tenha valor. É difícil, e as pessoas gostam, e isso é óptimo. Mas não significa que tenha um efeito político". E Stewart acrescentou: "Ou que nós tenhamos uma agenda de transformação social. Não somos guerreiros no exército de alguém". Noutra entrevista à mesma revista, mas em 2011, Stewart contou: "Toda a gente sobrestima o poder da sátira. Uma vez o Peter Cook disse uma coisa excelente. Alguém lhe sugeriu que os satiristas mais poderosos da história tinham sido os artistas dos cabarés de Berlim, nos anos 1930. E o Peter Cook respondeu: sim, eles deram cá uma ensinadela ao Hitler, não foi? Em grande medida é isso que eu sinto". Nada disso convenceu Bill O'Reilly, que manteve que Jon Stewart iria influenciar aquelas eleições. E depois realizaram-se aquelas eleições. E George W. Bush, que Stewart criticava impiedosamente, foi reeleito com mais 12 milhões de votos do que tinha obtido na primeira eleição.

No entanto, em 2004, vários títulos de jornal informavam que um determinado estudo mostrava que os espectadores se informavam através do *Daily Show*. Outra prova do seu poder. Só em 2008 saiu outro estudo, feito pelo The Project for Excellence in Journalism, que dizia que não, os espectadores do *Daily Show* obtêm a sua informação em programas de informação — caso contrário, concluía o estudo, não perceberiam as piadas.

Mais tarde, em fevereiro de 2016, o *Huffington Post* escreveu que John Oliver tinha demolido Donald Trump no seu programa. O *Los Angeles Times* disse que Oliver lhe tinha destruído a mística. A *Rolling Stone* titulou: "John Oliver aniquila Donald Trump". Em março, a revista *Bustle* publicou um artigo chamado "Como Donald Drumpf e o Efeito John Oliver já influenciaram a eleição presidencial". O texto falava sobre uma emissão do programa do humorista integralmente dedicada a Donald Trump. Oliver descobrira que os antepassados de Trump se chamavam, na verdade, Drumpf, um nome com muito menos encanto do que Trump, e decidiu lançar o movimento "Make Donald Drumpf Again", para destruir o poder de sedução do milionário. A *Bustle* vaticinava que o "Efeito John Oliver" (uma expressão que, aliás, havia sido cunhada pela revista *Time*) podia ser "aquilo que finalmente ajudaria a fazer com que o até ali indestrutível Donald Trump descesse nas sondagens". Num artigo do mesmo género, a revista *Fortune* (que, em novembro de 2015, já tinha publicado uma peça intitulada "Porque é que o impacto de John Oliver não é brincadeira") noticiava que a linha de bonés com o lema "Make Donald Drumpf Again", criada por Oliver, tinha esgotado. E o *New York Times* informava ainda que a echetégue #MakeDonaldDrumpfAgain tinha batido recordes nas redes sociais. Além disso, uma aplicação para transformar todas as ocorrências cibernéticas do nome Trump em Drumpf tinha sido descarregada cerca de meio milhão de vezes. Oito meses depois, o destruído, demolido e aniquilado Trump era eleito presidente.

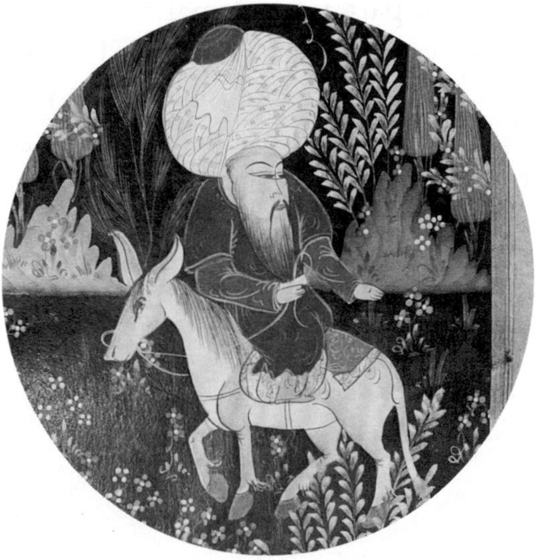

CAPÍTULO IX

SOBRE ESSES MALANDROS

*Em que o autor discorre chatamente sobre
um turco do século XIII. Conta dez histórias.
A propósito de humor, refere, sem que se perceba
porquê, o golo de Carlos Alberto na final do
Campeonato do Mundo de 1970.*

Um homem está à procura de alguma coisa no chão. Chega um amigo e dispõe-se a ajudar:

— O que é que perdeste?
— As minhas chaves.
— Tens ideia de onde as perdeste?
— Dentro de casa.
— Então porque é que estás a procurá-las na rua?
— Aqui há mais luz.

Este homem é muito burro ou muito inteligente? A pergunta é mais difícil do que parece. Por um lado, é capaz de ser mais sensato procurar uma coisa no sítio em que a perdemos. Mas também parece incontestável que é melhor procurar uma coisa onde há boa iluminação do que às escuras.

O homem que protagoniza esta história chama-se Nasreddin Hodja. Segundo o professor Şükrü Kurgan, Nasreddin Hodja nasceu em 1208 e morreu em 1284. Há, porém, boas razões para acreditarmos que muitas das histórias que se contam sobre ele são apócrifas, assim como parece evidente que as anedotas de Bocage não foram todas protagonizadas pelo poeta setubalense. Nasreddin é uma figura importantíssima do folclore do Médio Oriente. Há estátuas em sua homenagem desde Bruxelas, na Bélgica, até Astana, no Cazaquistão. A Turquia tem estátuas de Nasreddin Hodja em várias localidades. A estátua é quase sempre a mesma, e representa Nasreddin sentado ao contrário num burro, ou seja, virado na direcção da cauda do animal. É uma referência a mais uma das suas histórias. Alguém encontra Nasreddin e pergunta:

— Porque é que estás sentado ao contrário?

Ele responde:

— Eu estou sentado na direcção certa, o burro é que vai ao contrário.

Várias das histórias de Nasreddin incluem um burro. Um vizinho vai a casa de Nasreddin e pede-lhe o burro emprestado. Ele responde:

— Lamento, mas já o emprestei a outra pessoa.

Nesse momento, ouve-se o burro a zurrar, dentro do estábulo de Nasreddin. O vizinho zanga-se:

— Então mas eu estou a ouvir o burro ali...

E Nasreddin fecha-lhe a porta na cara dizendo:

— Um homem que acredita mais na palavra de um burro do que na minha não merece que eu lhe empreste nada.

Só mais uma história (antes de contar várias outras histórias): um dia, um ladrão assalta a casa de Nasreddin e leva todos os seus pertences. O ladrão volta para sua casa, só que Nasreddin segue-o. Surpreendido por ver Nasreddin em sua casa, o ladrão pergunta:

— O que fazes aqui?

Nasreddin responde:

— Ao que parece, estou em processo de mudança para esta casa. Por isso, vinha pagar o primeiro mês da renda.

Nasreddin é aquilo a que em inglês se costuma chamar um *trickster*. Na imaginação das pessoas que falam português, talvez essa figura se chame "malandro". O que me interessa é o tipo de raciocínio específico a que o malandro recorre, porque implica um olhar sobre as coisas que obedece a uma lógica muito diferente da habitual. Note-se que é, apesar disso, uma lógica. Uma antilógica, se quisermos, mas uma lógica. Nas histórias de Nasreddin ele é muitas coisas: umas vezes é um sábio, outras vezes é um juiz, um médico, um camponês ou um professor. Mas é sempre uma espécie de filósofo. O que ele pratica não é o contrário da filosofia, é uma filosofia do avesso. É diferente. Uma camisola do avesso não é o contrário de uma camisola. Continua a ser uma camisola, está é do avesso. Às vezes, o raciocínio do malandro é apenas a astúcia pela astúcia. Mas quase sempre tem um objectivo egoísta: destina-se a facilitar a vida ao malandro. E — essa é a parte milagrosa — não dá muito trabalho, porque é quase sempre uma operação do olhar. Trata-se apenas de ver de outra maneira. Onde o mundo inteiro vê um assalto, o malandro vê uma mudança de casa. E é melhor (enfim, menos mau) mudar de casa do que ser vítima de um assalto. No fundo, o raciocínio do malandro é um modo de fazer batota na vida. A história da sopa de pedra é um bom exemplo. Um frade pobre bate à porta de uma casa a pedir esmola. Os donos da casa recusam. O frade encolhe os ombros e diz para si: bom, vou ver se faço uma sopa com esta pedra. Os donos da casa riem-se dele. Esta parte é importante. O mundo, habituado ao modo de raciocinar convencional, ri-se do malandro. Fazer uma sopa com uma pedra? Sempre queremos ver isso. O frade pede uma panela com água, deposita a pedra lá dentro e põe-na ao lume. Os donos da casa perguntam:

— E basta isto para fazer a sopa?
— Basta isto — diz o frade. — Claro, ficava ainda melhor se tivessem um fiozinho de azeite que me pudessem dispensar.

Interessados em ver como se faz sopa com uma pedra, os donos da casa acedem. E o frade vai pedindo mais um bocadinho de sal, couve, um pedaço de chouriço para dar graça, etc., tudo ingredientes que não são essenciais para a sopa da pedra, claro, mas que se destinam a dar-lhe um saborzinho. Depois o frade come a sopa até ao fim e os donos da casa perguntam:

— Então e a pedra?

E o frade, muito sério, diz:

— Lavo-a e levo-a comigo para quando precisar de fazer a sopa novamente.

As histórias dos filósofos cínicos são parecidas. Num jantar, os convivas estavam a escarnecer de Diógenes, atirando-lhe ossos, como se ele fosse um cão. Quem pensa da maneira habitual talvez se ofendesse, provavelmente ficaria humilhado por estar a ser comparado com um cão. Mas Diógenes raciocinava da maneira que nos interessa. Por isso, aproximou-se das pessoas que lhe estavam a atirar ossos, levantou a pata e mijou-lhes em cima.

Outra vez, alguém viu Diógenes a pedir esmola a uma estátua e perguntou:

— Porque é que estás a fazer isso?

Diógenes respondeu:

— Estou a treinar ser rejeitado.

Noutra ocasião, perguntaram-lhe:

— Diógenes, que tipo de vinho gostas mais de beber?
— O de outras pessoas.

Aristipo de Cirene, discípulo de Sócrates, foi uma vez repreendido por alguém, por ter mandado o filho embora:

— Como é possível desprezares o teu filho, que tu próprio geraste?

Aristipo deu uma boa resposta:

— Eu gero igualmente expectoração e também a expulso para longe.

De facto, é um argumento difícil de rebater. O raciocínio do malandro é uma espécie de burla. Quando um ladrão rouba, opera uma mudança no regime de propriedade (isto era teu, agora é meu). O malandro faz o mesmo com a razão (à lógica habitual, oponho a minha). E, com o raciocínio convencional, é difícil, ou até impossível, derrubar essa lógica nova.

Só mais uma história de Nasreddin Hodja. Um dia, numa altura de seca tremenda, foram ter com Nasreddin Hodja porque tinham ouvido dizer que ele sabia fazer chover.

— É verdade — disse ele. — Preciso de uma bacia de água.

Como o problema era, precisamente, a falta de água, tiveram de fazer um esforço enorme para lhe fazer a vontade. Quando lhe entregaram a bacia, para espanto de todos, Nasreddin despiu-se e começou a lavar as suas roupas na bacia.

— Calma. Eu sei o que estou a fazer. Agora preciso de outra bacia de água.

As pessoas desesperadas que tinham ido ter com ele protestaram, furiosas, mas reuniram a pouca água que lhes restava noutra bacia e entregaram-lha. Quando Nasreddin retirou as roupas da primeira bacia e começou a enxaguá-las na bacia nova, algumas pessoas quiseram bater-lhe. Mas ele permaneceu muito calmo, e repetiu:

— Calma. Confiem em mim.

E começou a estender a roupa. Quando acabou, nuvens negras surgiram no céu e começou a chover. Nasreddin disse:

— Viram? Nunca falha. Sempre que eu estendo roupa, chove.

*

Os humoristas, parece-me evidente, raciocinam como os malandros; os cronistas, sobretudo os que se dedicam a escrever acerca de temas comezinhos como se fossem importantes, recorrem aos mesmos estratagemas; e os brasileiros têm uma inclinação especial para este tipo de malandrice. Isso nota-se bem no futebol. Às vítimas dos *dribles* de Garrincha os brasileiros chamavam João. Disse vítimas porque é isso que um João é: vítima de um engano, de uma burla. O joanismo (que é a volúpia de fazer dos adversários joões) passou a ser um atributo do futebol brasileiro — e, por isso, do futebol. O verdadeiro futebol é o que divide o mundo entre malandros e joões. Em 1970, segundos antes do golo de Carlos Alberto, Clodoaldo fez quatro joões italianos. Quatro giovannis, portanto. O golo podia esperar: antes, havia um, dois, três, quatro joões para fazer. Aqui não se pode ver a jogada mas fica o relato:

> Brasil contra Itália. Inesquecível esse lance total. Clodoaldo recebe a bola, dá a Pelé, Pelé a Gérson, a Clodoaldo: engana um, engana dois, engana três, engana quatro, e vai com uma jogada de jogo colectivo brilhante [...].

"Engana", diz o comentador. E isso é um valor em si. Marcar golos é importante, e ganhar é fundamental — mas ganhar sem joanismo, sem o prazer de enganar o adversário, como costuma fazer a Alemanha, não é exactamente futebol. É uma modalidade muito parecida, mas menos excitante, menos viva, menos alegre.

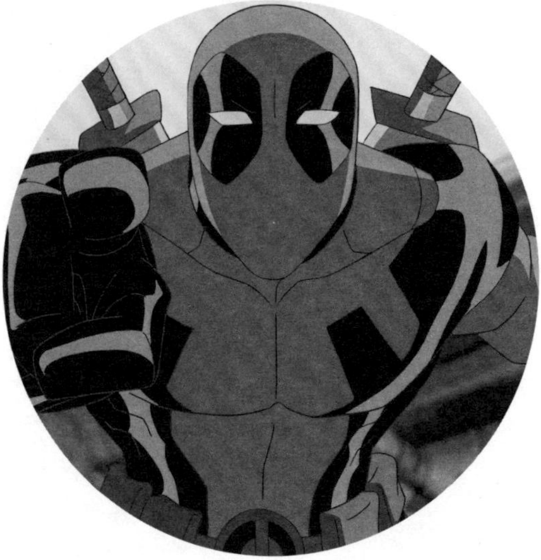

CAPÍTULO X

SOBRE RIR DE TUDO E RIR DE NADA

Em que o autor discorre chatamente sobre uma personagem fictícia do século XVIII que quer rir de tudo e um bispo real do século IV que não ri de nada. Compara o escritor Dinis Machado com a personagem de banda desenhada Deadpool. Encoraja os leitores a contemplarem brincadeiras de cães para perceberem melhor o fenómeno humorístico. Discute as opiniões de um filósofo progressista do século XXI que parece mesmo aquele bispo do século IV.

No livro *Jacques, o fatalista, e seu amo*, a certa altura da conversa, Jacques diz ao seu amo que tentou adoptar uma curiosa estratégia para viver melhor:

> JACQUES — Troçar de tudo. Ah, se eu tivesse conseguido...
> O AMO — Para que te serviria?
> JACQUES — Para me livrar de preocupações, para não ter necessidade de mais nada, para me tornar perfeito senhor de mim mesmo, para sentir tão bem a cabeça encostada a um marco, à esquina da rua, como num bom travesseiro. É como eu sou às vezes, mas o diabo é que não dura muito [...].*

Uns catorze séculos antes de Diderot ter escrito estas palavras, são Basílio de Cesareia propunha uma conduta bastante diferente. Nas suas regras monásticas ele diz o seguinte:

> Importa também conter o riso. [...] Eis uma questão frequentemente negligenciada mas digna de atenção. Entregar-se a um riso ruidoso e imoderado é sinal de intemperança, e revela a incapacidade de manter a calma

---

* Tradução de Pedro Tamen (Tinta-da-china, 2009).

e reprimir a frivolidade da alma pela santa razão. Não é impróprio mostrar, até mesmo com um sorriso alegre, o florescimento da alma, como indica o provérbio das Escrituras: "Coração contente alegra o rosto" (Provérbios 15,13). No entanto, rir alto e ser sacudido involuntariamente não é próprio de uma alma tranquila, íntegra ou senhora de si mesma. Esse tipo de riso é condenado também pelo Eclesiastes como o grande adversário da estabilidade da alma: "Do riso eu disse: Tolice!" (Ecl 2,2). E: "Assim como crepita o fogo debaixo da caldeira, tal é o riso do insensato" (ibid. 7,6). O próprio Senhor quis experimentar todos os sentimentos inseparáveis da natureza humana e mostrar a Sua virtude na fadiga, por exemplo, ou na compaixão pelos infelizes, mas, como os relatos evangélicos testemunham, Ele nunca cedeu ao riso; pelo contrário, Ele lamenta aqueles que riem (Lucas 6,25).*

São Basílio refere-se ao sermão da montanha, em que Jesus diz: "Ai de vós, que agora rides, porque ireis ficar aflitos e ireis chorar". E recorda uma observação decisiva, que são João Crisóstomo terá sido o primeiro

---

* Tradução (com adaptações) de Hildegardis Pasch e Ir. Helena Nagem Assad (Editora Vozes, 1983).

a fazer: nos evangelhos canónicos, Jesus Cristo nunca ri, embora chore duas vezes (quando avista Jerusalém e quando Lázaro morre). E um pouco mais adiante, respondendo a uma pergunta sobre se é lícito rir, são Basílio repete: "Tal como o Senhor condena os que riem agora, é evidente não haver para o fiel tempo algum próprio ao riso".

São Jerónimo e santo Ambrósio partilham a mesma desconfiança em relação ao riso. E são Clemente, embora reconhecendo que o Homem é um animal que ri, avisa que daí não decorre que deva rir de tudo. O cavalo, acrescenta ele a propósito, é um animal que relincha — e, no entanto, não relincha por tudo e por nada. O Deus da Bíblia não parece ser dado ao riso, apesar de, creio, até ter motivos para isso. A um Deus com sentido de humor, em princípio, não escaparia o seguinte: o facto de uma entidade omnipotente e omnisciente ter produzido criaturas tão flagrantemente imperfeitas é, evidentemente, muito engraçado. Mas Deus reage sempre expulsando as suas criaturas do Paraíso, ou castigando-as com pragas, destruição e dilúvios — e nunca com uma mais do que justificada (e humana) gargalhada.

Não gosto muito de fazer afirmações categóricas, mas estou convencido de duas coisas: primeiro, que a razão pela qual são Basílio defende que não devemos rir de nada é precisamente a mesma razão pela qual Jacques, o fatalista, deseja rir de tudo; segundo, que, no que toca ao riso, só existem essas duas posições radicais. Não creio que haja meio-termo. Ou defendemos que é possível rir de tudo ou defendemos que não é possível rir de nada. A partir do momento em que abrimos uma excepção ("podemos rir de tudo excepto disto" ou "não podemos rir de nada excepto daquilo"), deixa de ser possível sustentar a posição. O mesmo argumento que valida uma excepção sanciona todas as outras. Por exemplo: podemos rir de tudo excepto do sagrado. Que sagrado? Deus? Só um deus ou todos os deuses? Podemos rir de Poseidon? E aquelas pessoas que não são crentes mas para as quais outras coisas são sagradas — coisas tão diferentes como a família, o partido, o país, o presidente da República ou, porque não, o tricô?

Um dos principais motivos desta discórdia é o facto de muita gente ter uma ideia errada do riso. Por exemplo, há muitas pessoas convencidas de que rir é o contrário de chorar. Não é. Rir e chorar são vizinhos, talvez mesmo parentes. Por vezes, até ocorrem ao mesmo tempo. Ambos funcionam como a válvula da panela de pressão. O contrário de rir é não rir. Estar sério.

Acumular tensão. É bastante importante entender isso. A mesma coisa, dita no âmbito de um discurso sério ou no âmbito de um discurso não sério, tem valores diferentes. O riso pode ser agressivo, claro. Mas, mesmo quando o é, trata-se de uma agressividade especial — o que é frequentemente esquecido. Até Samuel Butler, escritor inglês autor de sátiras, relacionou o riso com a agressividade pura, assinalando que não é possível rir sem mostrar os dentes. É falso, no entanto. Os bebés conseguem fazê-lo. Um bom exercício é observar cães a brincar. A brincadeira é em tudo igual à luta: a mesma agressividade, o mesmo barulho, as mesmas dentadas, tudo. Mas é a brincar. Não devemos deixar-nos enganar pelo facto de também ser feito com os dentes.

Na introdução de um livro sobre Charles Dickens chamado *The Violent Effigy* [A efígie violenta], o autor, John Carey, escreve o seguinte:

> Dickens é essencialmente um escritor cómico. A vontade de esconder este facto, evidenciada em alguns estudos recentes, pode talvez ser atribuída à suspeita de que a comédia, em comparação com a tragédia, é leve. A comédia é tida como artificial e escapista; a tragédia, duramente real. O oposto parece ser mais exacto.

A tragédia simpatiza com a dignidade do Homem e com a sua importância, e preserva a ilusão de que ele é uma criatura nobre. A comédia destapa a absurda verdade, e é por essa razão que as pessoas receiam tanto que se riam delas na vida real. Como veremos, assim que Dickens começa a rir, nada está a salvo, desde o cristianismo até bebés mortos.

Rir de tudo talvez seja, digamos, uma atitude com pouco prestígio. Mas tem advogados estimáveis. Num texto chamado "Qual é o lado mais cómico disto?", incluído num livro intitulado *Reduto quase final*, Dinis Machado escreve:

> Uma das primeiras grandes revelações da minha infância, ao surpreender as coisas, foi verificar que me interrogava, invariavelmente, assim: qual é o lado mais cómico disto? Os desfiles militares, as cerimónias religiosas, os cumprimentos obsequiosos e constrangedores, os adereços excessivos da autoridade, as exigências rígidas da hierarquia, os compromissos artificiosos. E eu: qual é o lado mais cómico disto? Daí a fazer essa pergunta interior em qualquer situação dramática, foi um passo. A doença, a brutalidade, a estupidez, a intolerância, a maldade pura, a alucinação despótica — até o leito do

sofrimento, o leito da morte. E eu: qual é o lado mais cómico disto? [...]

Quando uma vez caí, a patinar no passeio com botas cardadas, e parti o dente da frente, fiz a pergunta calada e sacramental, enquanto as pessoas olhavam para mim: — Qual é o lado mais cómico disto?

Quando a infância começou a ser perturbada por desentendimentos mais amplos com o real, insisti na defesa da minha alegria, do meu prazer de viver. E até na dor que retirava dos que amava (dos meus avós, das minhas velhas tias, por exemplo), e até na morte, que sempre me surpreendia, protegia-me com essa frase defensiva, essa armadura de sol, de chuva e de subir a escada a quatro e quatro.

Creio que os cómicos do cinema me compreendiam melhor do que ninguém. Habitavam o coração do desastre com a desenvoltura, o corpo de borracha e a paciência evangélica dos grandes missionários da naturalidade.

Talvez seja possível dizer que a grande ambição dos cómicos é ter, além do corpo de borracha, o ego de borracha. Um dos grandes heróis cómicos do nosso tempo é, acho eu, o Deadpool. É um super-herói da Marvel — na verdade, é difícil definir se se trata de um super-herói ou de um supervilão, como acontece com todos os malandros — cujo superpoder é a capacidade de se regenerar. Dão-lhe um tiro e a ferida fecha, cortam-lhe uma perna e ela volta a crescer. Mas o mais interessante é que o ego do Deadpool também é invulnerável. Uma das características invulgares da personagem é o facto de ela ter consciência de si própria. Sabe que é uma personagem de ficção. Os heróis trágicos estão demasiado embrenhados em si mesmos e na sua importância para que lhes ocorra que são apenas personagens. Mas a atitude cómica leva a que a personagem de um filme diga "calma, isto é só um filme", e a que uma pessoa real seja capaz de dizer "calma, isto é só a vida".

Claro que essa atitude se apresenta não só como incompreensível, mas também como reprovável para as pessoas sérias. Em abril de 2022, ou seja, 1.643 anos após a morte de são Basílio de Cesareia, o Centro de Estudos Judiciários organizou um colóquio chamado "Humor, Direito e Liberdade de Expressão". Numa comunicação intitulada "Quando o humor é danoso", o filósofo português Desidério Murcho, professor na Universidade Federal de Ouro Preto, em Minas Gerais, afirmou o seguinte:

> Aquilo que eu vou tentar mostrar nesta comunicação é que temos boas razões para limitar muito mais a

liberdade de expressão do que aquilo que é hoje em dia comum nos países democráticos, e isso vai incluir, evidentemente, o humor. Cultivar a alegria, cultivar o humor é algo que faz parte de uma vida humana bem vivida. Mas isto não significa que não existam limites completamente inequívocos para o humor. Quando o humor é danoso, é simplesmente imoral.

Esta ideia é interessante porque, em sociedades como a nossa, o critério para limitar o discurso é, precisamente, o facto de ele causar dano. Por exemplo, nós punimos o incitamento à violência *quando ela é provável e iminente*. Esta parte é importante, até porque explica, por exemplo, que, há cerca de cem anos, Almada Negreiros tenha podido dizer "morra o Dantas, morra! Pim!" sem ser incomodado pelas autoridades judiciais. Vamos então entender quais são, no entender do professor Desidério Murcho, os danos causados pelo humor:

> Temos muitos casos em que no humor os danos são inequívocos. E a sua proibição ou, pelo menos, a sua reprovação social é perfeitamente adequada. O humor viveu muitas vezes simplesmente de ridicularizar as pessoas. E isto é simplesmente imoral. As pessoas devem

ser tratadas com respeito, mesmo quando são imorais e isto é uma coisa que se tem tendência a ter dificuldade em compreender.

Reparem na diferença entre dizer, carinhosamente, a alguém que um penteado lhe fica bem ou uma cor de cabelo ou uma maneira de vestir ou uma tatuagem. Reparem na diferença entre essa atitude, dizer que fica bem, ou que é esteticamente apelativo ou atraente, e fazer humor com essa expressão de individualidade da pessoa. Neste último caso é quase sempre incómodo para a pessoa, ainda que ela finja que aceita a piada.

"É quase sempre incómodo." O dano parece ser, portanto, o facto de causar incómodo. Ora, se o critério para limitar o discurso de alguém é o facto de causar incómodo, e uma vez que é impossível rebater o argumento de uma pessoa que se disser incomodada, por mais implausível que esse incómodo seja, quantos tipos de discurso ficam a salvo desta limitação? Vamos conhecer um tipo de humor ainda mais danoso:

> Mas eu penso que o humor mais danoso não é sequer este. É o humor que é mais subterrâneo e que não nos permite assumir as nossas fragilidades epistémicas e a dificuldade que é conseguir uma vida humana

de florescimento, uma vida humana realizada e bem-sucedida. Este humor é danoso de uma maneira muito mais subterrânea, porque viver bem, viver uma vida humana de uma maneira apropriada, é extraordinariamente difícil. Porquê? Bom, porque estamos sempre a confrontar-nos com as nossas profundas limitações epistémicas. Nós escolhemos hoje uma coisa que nos parece o melhor para nós e muitas vezes descobrimos, anos depois, que afinal aquela escolha não foi a melhor, porque simplesmente estávamos enganados, escolhemos uma coisa que acabou por ser pior para nós. Basta pensar no caso da nutrição, que é a coisa mais simples e óbvia de todas, mas a nutrição saudável é extremamente difícil. A investigação séria da nutrição adequada está continuamente a descobrir que aquilo que nos parecia saudável afinal não é saudável e vice-versa. De maneira que a atitude apropriada, em todos estes casos, é continuar a estudar seriamente as coisas. Ora, o humor surge aqui muitas vezes como uma maneira de cultivar a atitude inversa: a pessoa desiste, a pessoa faz uma piada, a pessoa actua irresponsavelmente e tudo isso com uma espécie de alegria superficial/uma atitude humorística. E é nestes casos que me parece que o humor é mais profundamente danoso. Porque o humor surge como uma resposta inapropriada perante, digamos, a nossa própria humilhação de nos encontrarmos mergulhados na nossa fragilidade epistémica.

Talvez possamos perguntar se isto é realmente assim. Ou seja, quando fazemos humor com as nossas fragilidades epistémicas, estamos a desistir e a actuar irresponsavelmente? Rir da humilhação de estarmos mergulhados na nossa fragilidade epistémica é uma desistência ou uma consciência? Assinalar a nossa fragilidade, através do riso, é danoso ou saudável? Por outro lado, omitir a existência daquela fragilidade humilhante é apropriado ou perigoso? Agora, outro tipo de humor danoso:

> Uma maneira que nós temos de usar o humor que ridiculariza, mas que parece moralmente inócuo, é quando o humorista se ridiculariza a si próprio. Isto parece que é uma coisa perfeitamente inócua uma vez que ele não está a ridicularizar ninguém. Não está a ridicularizar uma mulher por ela ser mulher ou, sobretudo, uma mulher loura ou não está a ridicularizar uma pessoa por ser negra, ele está simplesmente a ridicularizar-se a si próprio. Substancialmente parece que isto é apropriado moralmente; e eu diria que é, pelo menos, claramente, muitíssimo menos imoral do que ridicularizar outras pessoas.

Mas preocupa-me este género de humor porque este género de humor continua a ser danoso para a própria pessoa. Porque é uma maneira que a pessoa tem de não se levar a si própria a sério. É uma maneira que a pessoa tem de fingir que as suas fragilidades epistémicas não são sérias. E são sérias.

Mais uma vez: o humor sobre coisas sérias é uma maneira de fingir que as coisas não são sérias, ou é uma maneira de encarar com outro ânimo as coisas que são sérias? Não nos levarmos a sério, no sentido de mantermos presente a nossa insignificância, por exemplo, é danoso ou é útil? Vamos a mais um tipo de humor danoso:

> Eu penso que nós temos uma longa tradição de eludir, ou evitar, o estudo sólido das coisas, e o humor alimenta precisamente essa atitude. Nós achamos que é uma boa ideia fazer humor de crítica social, mas isso é um obstáculo sério para descobrirmos melhores maneiras de organizarmos a sociedade. É por isso que a minha opinião é tão polémica. E é polémica porque eu penso que nós temos uma atitude, secular, que consiste em fugir de enfrentar os problemas. E em vez de procurarmos resolver o grave problema da lepra, por exemplo,

fizemos piadas com leprosos. Hoje em dia já não fazemos piadas com leprosos. Porquê? Porque a lepra, entretanto, foi curada. E como é que foi curada? Com crítica social? Com piadas? Com carnaval? Não, com ciência sólida. E enquanto nós andámos a fazer piadas e carnavais, havia pessoas a tentar — seriamente — descobrir como curar a lepra. Portanto, o que nós temos hoje em dia é, mais ou menos, a seguinte situação: nós temos um conjunto de parasitas que realmente promove aquilo que é importante para o florescimento humano e esses parasitas brincam, e fazem carnavais, e fazem piadas e depois os outros trabalham no duro para tentar descobrir como é que se cura a lepra. É por isso que eu não tenho nenhuma simpatia por esse género de atitude de crítica social.

De facto, a lepra foi curada com ciência sólida. E, pelos vistos, o facto de alguém andar a fazer piadas sobre a lepra não constituiu um obstáculo sério à descoberta da cura da lepra. Porque a humanidade não estava toda empenhada na cura da lepra, não é? Uns tratam de estudar a cura da lepra, outros de fazer sapatos, outros de limpar chaminés, outros de dançar, outros de fazer filosofia, e outros de dizer piadas sobre a lepra. Vamos descobrir mais um tipo de humor danoso:

Grande parte dos meus colegas pensam que o humor que ridiculariza pessoas só é danoso quando as pessoas pertencem a grupos tradicionalmente desprivilegiados. Como as mulheres, que eram até recentemente vítimas de leis machistas que não lhes permitiam, por exemplo, ter propriedade. Não sei se têm consciência de que no século XIX as mulheres primeiro eram propriedade dos pais e depois dos maridos, elas próprias não podiam ter propriedade, não podiam ter uma empresa, por exemplo, ou não podiam estudar nas universidades. Ou as pessoas negras ou as pessoas ciganas ou as pessoas homossexuais. Portanto, grande parte dos meus colegas pensam que só nesses casos o humor que ridiculariza é inapropriado. Eu penso que o humor que ridiculariza é inapropriado mesmo quando as pessoas que estão sendo ridicularizadas sejam pessoas em posições de poder. Como um presidente ou um papa ou uma coisa qualquer desse género. Eu não penso que o simples facto de uma pessoa estar em posição de poder seja, digamos, um objecto apropriado de ridicularização. Ridicularizar alguém, independentemente da posição que essa pessoa tem, é danoso. Repare-se no seguinte: quando nós fazemos humor que ridiculariza uma pessoa de poder, nomeadamente um facínora, um déspota, uma pessoa que oprime outras por via política ou por via religiosa, a dificuldade aqui talvez não seja a ridicularização/ o dano provocado directamente a essa pessoa, porque essa pessoa tem tanto poder que essas piadas simplesmente não a afectam em rigorosamente nada. Mas temos outro género de dano, aqui. É que nós estamos desistindo de uma acção social e política concertada, para eliminar essa pessoa da posição de poder que tem e para eliminar o seu poder tirânico sobre as outras. É por isso que esta forma de humor, do meu ponto de vista, é muito mais profundamente danosa do que aquela que é mais superficialmente danosa. Esta forma de humor é danosa porque nos impede de tomar as atitudes apropriadas para resolver, neste caso, um problema político sério que nós temos, que é o facto de termos uma pessoa que tem um poder político e usa esse poder político para oprimir os outros.

Estas são as razões que eu penso que são apropriadas para limitar — seriamente — o humor.

Neste ponto, deixem-me só fazer um breve resumo: fazer humor sobre coisas sérias é danoso, fazer humor sobre outras pessoas é danoso, fazer humor sobre nós próprios é danoso, fazer humor de crítica social é danoso, fazer humor sobre facínoras é danoso. Desta vez, porque o humor sobre o tirano impede uma acção social e política concertada para eliminar o tirano. Durante a Segunda Guerra Mundial, as tropas aliadas cantavam uma canção chamada "Hitler Has Only Got One Ball", ou seja, "O Hitler só tem um tomate". A letra completa diz: o Hitler só tem um tomate, o Göring tem dois mas são muito pequeninos, o Himmler é mais ou menos a mesma coisa e o Goebbels não chega a ter tomate nenhum. É apenas um exemplo das inúmeras piadas que se fizeram sobre os nazis em geral e sobre o Hitler em particular — e que, milagrosamente, não foram capazes de impedir a deposição do tirano.

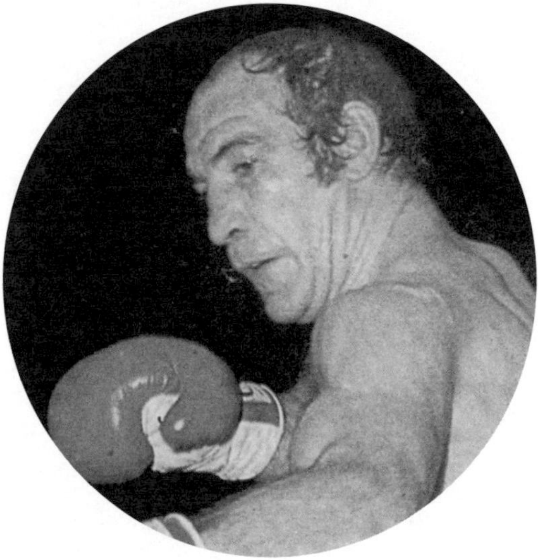

CAPÍTULO XI

SOBRE PUGILISMO

Em que o autor discorre chatamente sobre um argentino que os outros tinham dificuldade em magoar. Recorda um nazi muito bonzinho que era contra certas piadas, por serem malvadas. Distingue entre vários tipos de crueldade. Fala das vantagens de não ter coração.

No dia 12 de dezembro de 1968, em Tóquio, decidiu-se o título mundial de pesos-superleves. Foi um combate entre o campeão, o japonês Takeshi Fuji, e o argentino Nicolino Locche. Três anos antes, Fuji tinha conquistado o título de campeão japonês com uma vitória por *knockout* aos 45 segundos do primeiro assalto. Dois anos depois tornou-se campeão do mundo, destronando o italiano Sandro Lopopolo. O combate acabou logo ao segundo assalto, em que Lopopolo foi derrubado três vezes. E naquele dia, em Tóquio, Takeshi Fuji, "O Soco de Martelo", ia defender o título contra Nicolino Locche. No terceiro assalto, Fuji foi ao tapete, mas não porque o adversário lhe tivesse tocado. Locche esquivou-se de um gancho de esquerda e Fuji desequilibrou-se e caiu. O combate prosseguiu até ao nono assalto. Quando a sineta tocou para o início do décimo, Fuji recusou voltar ao ringue, derrotado pela fadiga e pela frustração de não conseguir tocar em Locche, que assim passou a ser o novo campeão. A história do boxe diz que a luta acabou por *knockout* técnico, mas talvez fosse mais correcto registar "vitória por exasperação". Nicolino Locche tinha dois cognomes: "El Intocable", por razões óbvias, e "Chaplin", por causa do modo como movia os pés. Era um herói na Argentina. Numa canção célebre do seu tempo, Chico Novarro diz o seguinte:

> [...] *Total esta noche, minga de yirar*
> *Si hoy pelea Locche en el Luna Park*
> *Un sábado más, un sábado más*
> *Sobre Buenos Aires un sábado más* [...]

"Ninguém vai sair esta noite porque Locche luta no Luna Park", a famosa casa de espectáculos de Buenos Aires. Os combates de Nicolino Locche proporcionavam um entretenimento invulgar, uma vez que juntavam desporto e comédia. Está disponível no YouTube um pequeno documentário sobre Nicolino Locche — e sobretudo sobre o combate contra Fuji. O título do vídeo é "The Comedic Timing of Nicolino Locche", ou seja, "O *timing* cómico de Nicolino Locche".* Mas talvez seja preciso ter cuidado com as comparações entre boxe e comédia. Alguns pontos de contacto que parecem óbvios são, no entanto, enganadores. Por exemplo, a palavra *punchline*, que designa o gatilho que faz deflagrar a gargalhada. Normalmente entende-se que o *punch* da *punchline* acerta no assunto a que a piada se refere. Não é verdade. Quem leva o *punch* é a plateia. E é importante

---

* Disponível aqui: youtube.com/watch?v=gDQltEznD9Q.

manter presente que se trata de um *punch* metafórico, uma espécie de susto, uma surpresa que provoca o riso. O mesmo vale para a teoria segundo a qual a comédia é legítima apenas se a pessoa ou pessoas referidas na piada estiverem em posição de poder. É uma proposta ética que costuma resumir-se assim: só é lícito fazer *punching up*. Ora, creio que é possível fazer quatro objecções à ideia de *punching up*.

A primeira é que, como já disse, comédia não é *punching*. Piadas e violência são coisas de natureza muito diferente, e por isso esta é uma má metáfora para falar do assunto. Na cerimónia dos Óscares de 2022, o momento em que Chris Rock disse uma piada e Will Smith respondeu com uma agressão foi uma boa oportunidade para se perceber a diferença entre comédia e violência, porque ocorreram ambas no mesmo minuto. Tendo em conta algumas reacções, é possível que, mesmo assim, o acontecimento não tenha sido suficientemente pedagógico.

Segunda: como é óbvio, humoristicamente é mais interessante fazer piadas acerca do rei do que acerca do pajem. Mas, se estipularmos que é ilegítimo fazer piadas acerca do pajem, imediatamente ele adquire um direito que ninguém tem, nem mesmo o rei — o que lhe dá uma importância nova, um poder inédito.

Terceira: se comédia é equivalente a uma agressão, o facto de as pessoas terem poder não torna a comédia legítima. Continua a não ser ético agredir alguém, por mais poderoso que seja. Até porque nenhum de nós foi nomeado juiz e carrasco. Ninguém nos mandatou para decidirmos veredictos e aplicarmos penas.

Quarta: quando no lugar do rei está alguém de que nós gostamos, ou que elegemos, ou que na nossa opinião está ao serviço do Bem com B grande, ao lado do que é correcto, e luta pelos desfavorecidos, qualquer piada sobre ele atinge indirectamente os desfavorecidos. Logo, piadas sobre o rei não são *punching up*. Pelo contrário, são *punching down*. É uma lógica muito fácil de perverter.

No entanto, esta ideia segundo a qual certas pessoas são demasiado frágeis, ou até demasiado santas, para serem submetidas ao olhar humorístico é bastante popular, e é partilhada por gente de todos os quadrantes ideológicos. Quando digo todos são mesmo todos. Em 1936, no jornal *Fridericus*, Friedrich Carl Holtz, insigne pioneiro do nacional-socialismo, apelava a que não se fizessem mais "piadas sobre pessoas economicamente dependentes, que estejam em baixo na hierarquia social, ou sejam apenas indefesas. Essas piadas não são engraçadas, são brutais". Trata-se de uma comovente condenação nazi daquilo a que se chama, na linguagem de hoje, *punching down*.

Num livro sobre boxe, a escritora norte-americana Joyce Carol Oates lembra que "o desporto é simultaneamente um espelho da agressividade humana e um simulacro altamente controlado e brincalhão [*playful*] dessa agressividade". Talvez seja possível dizer o mesmo da comédia, isto é, que é um simulacro de agressividade cruel. Uma vez, o guionista e dramaturgo Charles MacArthur foi consultar Chaplin sobre o seguinte problema: qual a melhor maneira de filmar uma gorda a escorregar numa casca de banana? Mostrar primeiro a gorda, depois a casca e depois o escorregão? Ou primeiro a casca, depois a gorda e depois o escorregão? Chaplin respondeu imediatamente: "Nenhuma dessas. Filma primeiro a gorda, depois a casca, e depois mostra a gorda a evitar cuidadosamente a casca. E a seguir filma a gorda a cair no buraco do esgoto". Não há dúvida, é crueldade requintada. Mas só magoa gordas imaginárias — ou nem isso. Elas acabam por sair do buraco do esgoto ilesas. Até porque têm de estar aptas a cair no próximo.

Aquilo que verdadeiramente aproxima boxe e comédia é a exibição de uma espécie de insensibilidade. Faz parte do ofício de humoristas e pugilistas uma atitude de indiferença à dor. Em *O riso*, Bergson diz o seguinte:

Assinalemos agora, como sintoma não menos digno de nota, a insensibilidade que habitualmente acompanha o riso. Dir-se-ia que o cómico não pode produzir o seu frémito a não ser sob a condição de deparar com uma superfície da alma decididamente serena, decididamente uniforme. A indiferença é o seu meio natural. O riso não tem inimigo maior do que a emoção. Não quero dizer que não possamos rir de uma pessoa que nos inspira piedade, por exemplo, ou até mesmo afeição: somente, nesse caso, por alguns instantes, teremos de nos esquecer da nossa afeição, impor silêncio à nossa piedade. Numa sociedade de inteligências puras provavelmente deixaríamos de chorar, mas talvez continuássemos a rir; ao passo que um mundo de almas invariavelmente sensíveis, afinadas em uníssono pela vida, onde todo e qualquer acontecimento se prolongasse numa ressonância sentimental, não conheceria nem compreenderia o riso. Experimentemos, por um momento, interessarmo-nos por tudo o que se diz e por tudo o que se faz, actuemos, em imaginação, com aqueles que actuam, sintamos com aqueles que sentem, concedamos enfim à nossa simpatia a sua mais rasgada plenitude: como que por um toque de varinha mágica veremos os objectos mais leves ganharem peso, e uma coloração severa cobrir todas as coisas. A seguir, desprendamo-nos, assistamos à vida como espectadores indiferentes: muitos serão os dramas que se transformarão em comédias. Basta que tapemos os ouvidos ao som da música, numa sala de baile, para que os pares que dançam se nos afigurem ridículos. Quantas acções humanas resistiriam a semelhante prova? E não veríamos muitas de entre elas passarem da gravidade à brincadeira, se as isolássemos da música de sentimento que as acompanha? O cómico exige portanto e finalmente, para produzir todo o seu efeito, qualquer coisa como uma anestesia momentânea do coração.*

O problema, e a razão pela qual esta atitude causa tanta estranheza, é que o coração tem um prestígio inexplicável. Ora, o coração, recordo, é uma bomba hidráulica. Uma aborrecida, burocrática, e fabril bomba hidráulica. Suga sangue por um lado, esguicha sangue pelo outro. Não sente nada. Não ama coisa nenhuma. É um músculo. No entanto, exerce sobre

---

* Tradução de Miguel Serras Pereira (Relógio D'Água, 2019).

as pessoas um fascínio incompreensível. Sobretudo em comparação com o cérebro, que tem muito má fama. O coração é sempre santo, o cérebro é sempre diabólico. Às vezes, alguém diz "agora eu vou falar do coração", como se fosse uma coisa boa. Eu respondo sempre: "Não, obrigado. Fala do cérebro, que eu prefiro". Falar do coração, normalmente, significa exprimir sentimentos inalterados pelo raciocínio. Ou seja, é dizer coisas sem pensar. É uma opção muito comum em quem devia ter preparado um discurso mas não esteve para se dar ao trabalho. Transforma a preguiça e a falta de consideração pelos outros em "honestidade" e "franqueza" (uma operação bastante indecente que o coração patrocina a toda a hora) e fala de improviso. Eu desconfio demasiado dos meus sentimentos para os expor dessa maneira. De vez em quando sinto coisas que, pensando bem, são absurdas. Mas é curioso que o coração nunca tem culpa. Há sempre uma maneira de atribuir a responsabilidade dos sentimentos desagradáveis ao cérebro. "Sim, ele disse isso, mas estava de cabeça quente." A culpa é do cérebro. O coração é sempre puro. Comigo não contam para esta mistificação.

Voltando atrás: "O riso não tem maior inimigo do que a emoção", diz Bergson. É isso mesmo. O riso protege os nossos sentimentos porque, quando rimos, fingimos não os ter. E o que não existe não se pode magoar. Talvez haja quem diga que essa é uma operação desumana. No entanto, é uma manifestação de humanidade bastante profunda. Rir do mal para que ele não nos atinja. Todos os que se confrontaram com o mal absoluto o fizeram, provavelmente mais por necessidade urgente do que por vocação.

Logo depois de definir o desporto como um simulacro altamente controlado e brincalhão de agressividade, Joyce Carol Oates lembra-se de Muhammad Ali. Cito, traduzindo: "O seu temperamento parece fundamentalmente infantil; desempenhar o papel do *trickster* era natural nele. [...] Ali é o supremo *trickster* peso-pesado". E depois Oates cita Ronald Levao, professor de Literatura Inglesa na Universidade de Rutgers. Diz ele: "Ali foi sempre um perito em paródia, fosse através dos cognomes humorísticos que inventava para os seus adversários, fosse por via das imitações exageradas que fazia dos inimigos... Esta operação dava a Ali a ilusão de omnipotência, mesmo quando se via aflito". É o segredo da invencibilidade. A maneira mais eficaz de evitar que os outros nos trespassem o coração é, evidentemente, não ter coração.

É por isso que os combates de Nicolino Locche são cómicos: quando o adversário avança para o agredir, ele já não está lá para ser agredido.

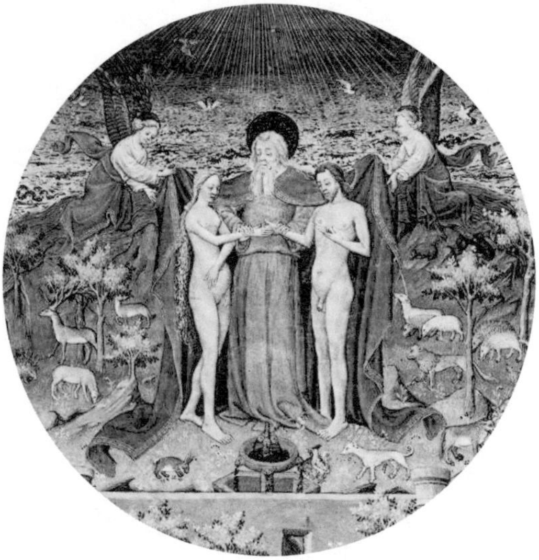

CAPÍTULO XII

SOBRE VIAGRA ESPIRITUAL

Em que o autor discorre chatamente sobre uma tradição eclesiástica que pretendia provocar nos fiéis uma euforia que estivesse à altura da notícia da ressurreição. Revela um episódio doméstico bastante desinteressante. Fala de dois teólogos do século XVI e de um padre do século XVII.

Uma vez, quando as minhas filhas eram pequenas, a mais nova estava a chorar, que era uma coisa que ela fazia muito, e a incomodar toda a gente. Talvez esse incómodo não seja especial prova de altruísmo: é possível que o choro dos outros nos aflija menos porque a sua infelicidade, ali manifestada no choro, nos inspira compaixão, e mais porque o choro é, de facto, perturbador da paz. Há gritaria, soluços, lamúrias, gemidos, fluidos que brotam dos olhos e, se o caso for mesmo grave, até do nariz. Não é um espectáculo bonito. A minha filha mais velha resolveu encarregar-se do caso e, à força de macacadas, conseguiu pôr a irmã a rir. Depois veio gabar-se: "A Inês estava a chorar, mas eu ensinei-a a ficar contente".

Neste ponto, os leitores já perceberam para onde é que isto caminha. Estamos perante um daqueles casos em que, numa história banal do quotidiano, se encontra pretexto para uma reflexão de elevado teor filosófico. É sempre irritante quando isso acontece. No episódio sobre o qual nos debruçamos, o problema agrava-se porque mete crianças, que são tão puras, e tal. Qual é, então, o interesse desta insignificante ocorrência? É o momento em que a filósofa Rita Pereira diz: "Eu ensinei-a a ficar contente". Primeiro, a frase supõe que riso e contentamento são a mesma coisa, quando isso não é necessariamente verdade. Nem todo o riso exprime alegria (e talvez o riso humorístico, que é o que nos interessa, surja quase sempre do descontentamento), mas a confusão é fácil — e significativa. Segundo, sugere-se ali que é possível "ensinar" a alegria.

No século XVI houve um debate sobre isto. Enfim, mais ou menos sobre isto. O debate opõe dois teólogos alemães amigos: de um lado, Wolfgang Capito; do outro, Johannes Oekolampadius. Capito, numa carta a um desconhecido, queixa-se de que o seu amigo Oekolampadius recusa adoptar um comportamento adequado quando celebra a missa pascal. Diz ele, muito desgostoso:

> [Oekolampadius] não compele os ouvintes a rirem descontroladamente enquanto anuncia a Cristo, nem faz piadas com palavras obscenas, nem, imitando alguém a masturbar-se, como um histrião, apresenta à vista de todos as coisas que os cônjuges costumam ocultar no seu quarto e que é apropriado fazer sem testemunhas.

Ou seja, Capito lamenta que Oekolampadius renuncie a ser obsceno no altar. O que está em causa é um curioso costume que fazia parte da liturgia pascal. É um fenómeno conhecido como *risus paschalis*, e consistia no seguinte: no domingo de Páscoa, durante a missa, o pregador esforçava-se por provocar o riso dos fiéis. Para isso, recorria a tudo, incluindo a reprodução dos gritos de animais, histórias e piadas obscenas, e imitação de práticas sexuais. Num livro chamado *Risus paschalis: El fundamento teológico del placer sexual*, a antropóloga e teóloga Maria Caterina Jacobelli descreve o *risus paschalis* como um fenómeno muito arreigado nos costumes eclesiásticos, que era defendido como necessário pela hierarquia da Igreja, que o povo (com algumas excepções) apreciava e que se aceitava como normal, até porque a sua origem era antiga e difícil de determinar. Os que defendem a prática alegam estar a cumprir o versículo 24 do salmo 118: "Este é o dia, que o Senhor fez;/ alegremo-nos e regozijemo-nos nele". Jacobelli detecta as primeiras manifestações do fenómeno no ano de 852, em França, e verifica que ele persiste até ao princípio do século XX, sobretudo na Baviera, mas também no resto da Alemanha, França, Itália, Suíça, etc.

Às objecções de Oekolampadius, que considerava a prática chocante e vergonhosa, "digna de um infame histrião", Capito contrapunha as três grandes vantagens do *risus paschalis*: chamar público à igreja, alegrar o auditório e mantê-lo acordado. Se o pregador não se comportasse daquela forma, alegava Capito, os templos estariam vazios.

O fenómeno parece ser familiar da inclinação carnavalesca para inverter a ordem natural das coisas. No carnaval há uma licença para, durante um período bem definido, o mundo ficar temporariamente às avessas: a loucura é a razão e a razão é a loucura, a embriaguez é a sobriedade e a sobriedade é a embriaguez, o servo é o amo e o amo é o servo, o homem é a mulher e a mulher é o homem. Ao que parece, algumas das histórias que tinham mais sucesso nestas missas pascais eram as que falavam de casais em cuja casa era a mulher que mandava. O público achava esta ideia hilariante, o que significa que a minha própria vida é muito engraçada no século XVI.

Oekolampadius e Erasmo de Roterdão, por exemplo, aos quais o costume do *risus paschalis* repugnava, lamentavam o recurso a piadas, algumas das quais obscenas, num ambiente sagrado. Mas a natureza do fenómeno era exactamente esta: a da inversão. A estratégia usada para provocar o riso era deixar o profano invadir o espaço sagrado, ser especificamente um padre a comportar-se obscenamente, e fazê-lo no decurso da missa mais importante. Até porque o objectivo era celebrar a maior de todas as inversões carnavalescas:

um homem que estava morto voltou à vida. A lei da natureza, como tudo o resto no carnaval, tinha sido virada ao contrário.

Alguns sacerdotes começaram a ser confrontados com o problema que aflige todos os humoristas. Como conseguir, ano após ano, inventar novas histórias que sejam capazes de fazer rir a plateia? Por isso, já no século XVII, o padre Andreas Strobl publicou na Baviera um manual para pregadores que continha quarenta sermões seguidos de quarenta histórias cómicas. Não só o livro foi um êxito, com três edições em poucos anos, como — o que mais uma vez revela a postura da Igreja em relação ao *risus paschalis* — levava o *imprimatur*. Strobl defendia o costume dizendo que, além de dar consolo e alegria, a prática animava os fiéis, para que estivessem mais bem-dispostos para escutar os ensinamentos do Senhor. E concluía: "Este é um dos melhores meios para captar a atenção do auditório".

A certa altura, o papa Bento XIV propõe eliminar a tradição e, entre os séculos XVII e XIX, o *risus paschalis* vai progressivamente perdendo a componente da obscenidade mais grosseira. Mas o costume revela uma intenção. O anúncio da ressurreição de Cristo deve ser um momento de júbilo fulgurante. E por isso era necessário que os fiéis fossem capazes de uma alegria que estivesse à altura do acontecimento. Era isso que teólogos como Wolfgang Capito pretendiam. Recorrer a obscenidades para provocar o efeito pretendido nos fiéis era aceitável, porque verdadeiramente obsceno seria que a alegria não existisse, ou fosse apenas moderada. No fundo, a missão do sacerdote, na missa pascal, era a mesma da minha filha: ensinar os irmãos a ficarem contentes.

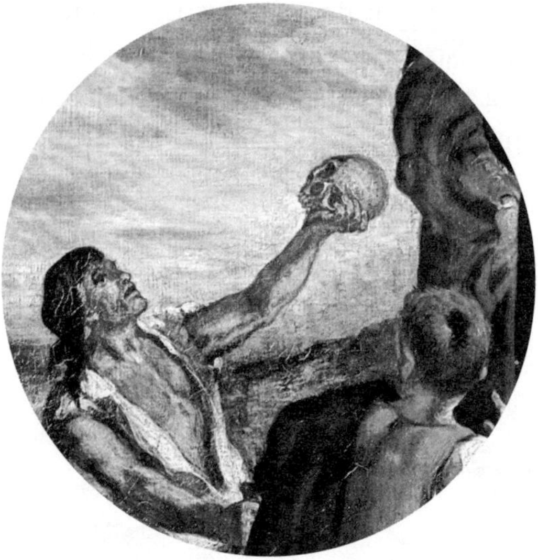

CAPÍTULO XIII

SOBRE UMA COISA ENGRAÇADA QUE ME ACONTECEU A CAMINHO DA SEPULTURA

Em que o autor discorre chatamente sobre sepulturas hilariantes. Cita um bispo do século IV que gosta muito de medo. Depois, tenta convencer-nos de que um poeta inglês e um príncipe dinamarquês demonstram que é ajuizado rir da morte.

A ideia de humor de cemitério exprime uma contradição ou descreve uma inclinação natural e, talvez, inevitável? Num livro chamado *Of Corpse* (jogo de palavras que não consigo traduzir) e que tem por subtítulo *Death and Humor in Folkore and Popular Culture*, ou seja, "a morte e o humor no folclore e na cultura popular", Richard E. Mayer, professor de Psicologia na Universidade da Califórnia, escreve um ensaio intitulado "'PARDON ME FOR NOT STANDING': Modern American Graveyard Humor", isto é, "'Peço desculpa por não me levantar': humor de cemitério na América moderna". O autor começa por reconhecer que o tom das inscrições gravadas nas pedras tumulares tem vindo a mudar. Houve um tempo em que o epitáfio mais popular dizia: "*Hearken stranger, as you pass by,/ As you are now so once was I,/ As I am now so you must be,/ Thus think on death and follow me*" [Escuta, estranho, quando aqui passas/ O que tu és agora eu fui em tempos/ O que agora eu sou tu terás de ser/ Por isso, pensa na morte e segue-me]. Mas o autor dedicou-se a visitar alguns cemitérios americanos e recolheu epitáfios bastante diferentes, tais como o da sra. Helen Louise Jones, falecida em 1995 em Portland, Oregon, cuja campa diz: "Isto não estava na minha agenda". Ou o do sr. William Scott Gibson, que morreu em 1977 em

Lansdowne, Pensilvânia: "Isto é realmente uma grande chatice". E registou ainda, por exemplo, a ideia do sr. Archie A. Arnold, falecido em 1982 em Allen County, Indiana, que resolveu instalar um parquímetro de cada lado da sua pedra tumular — parquímetros expirados, evidentemente. O defunto já está a pagar multa.

Aos epitáfios destes anónimos podemos juntar os de pessoas famosas, como o de Mel Blanc, actor que fazia as vozes de Bugs Bunny, Daffy Duck e Porky Pig ("*That's all, folks!*"), ou o do comediante britânico Spike Milligan ("Eu bem vos disse que estava doente"), ou ainda o do actor Jack Lemmon, cuja campa exibe apenas a frase, escrita com o tipo de letra que costumamos ver nos créditos iniciais dos filmes, "*Jack Lemmon in*".

De um morto, esperamos que esteja calado. E supomos que esse silêncio exprime tristeza e medo, que é o que a morte costuma inspirar. Numa das suas famosas homilias, são João Crisóstomo faz o elogio do medo, e é do medo da morte que está a falar. Diz ele:

> Vedes que vantagem advém do medo? Se o medo não fosse bom, os pais não contratariam tutores para os seus filhos; nem os legisladores enviariam magistrados para as cidades. O que pode ser mais severo do que o inferno?

No entanto, nada é mais proveitoso do que o medo dele; pois é o medo do inferno que nos trará a coroa do reino. Onde há medo, não há inveja; onde há medo, o amor ao dinheiro não perturba; onde há medo, a ira é apaziguada, a concupiscência maligna é reprimida, e toda a paixão irracional é exterminada. E assim como numa casa, onde há sempre um soldado armado, nenhum ladrão, nem arrombador, nem qualquer malfeitor ousará aparecer; da mesma forma, enquanto o medo se mantém senhor das nossas mentes, nenhuma das paixões vis atacará facilmente, mas todas se afastam e são banidas, sendo expulsas em todas as direcções pelo poder despótico do medo. E não apenas obtemos essa vantagem do medo, mas também outra que é muito maior. Pois, de facto, não apenas ele expulsa as nossas paixões malignas, mas também introduz com grande facilidade todo o tipo de virtude. Onde há medo, há zelo na caridade, intensidade na oração, e lágrimas calorosas e frequentes, e gemidos repletos de contrição. Pois nada consome o pecado, e faz a virtude aumentar e florescer, como um estado constante de temor. Portanto, é impossível para aquele que não vive com medo agir correctamente; assim como, por outro lado, é impossível que o homem que vive com medo possa errar.

E acrescenta:

> Se o medo não fosse algo bom, Cristo não teria dedicado discursos tão longos e frequentes ao tema do castigo e da vingança futura.*

Ora, quem aproveita o momento da morte para fazer uma piada não está a comportar-se de acordo com a solenidade da ocasião. É gente que não sabe ser defunta. Mas se considerarmos que rir na sepultura é absurdo, somos forçados a perguntar se será só essa gargalhada que é absurda ou se são todas. Uma vez que, ao que me dizem, a minha morte é inevitável, num certo sentido eu já estou na sepultura. Por isso, quando rio, é lá que estou a rir. Daí o título da autobiografia de Jack Douglas, o autor de comédia americano: *A Funny Thing Happened to Me on My Way to the Grave* [Aconteceu-me uma coisa engraçada a caminho da sepultura]. De toda a gente que ri se pode dizer: olha, ali está uma pessoa que vai a rir a caminho da cova. Não é menos absurdo do que um epitáfio jocoso.

---

* Disponível aqui: newadvent.org/fathers/190115.htm.

*

Talvez o mais evidente parentesco entre humor e morte seja o facto, muitas vezes assinalado, de todas as caveiras sorrirem. E é possível que seja essa uma das razões para que, num dos momentos mais célebres da história da literatura, alguém faça uma reflexão sobre humor enquanto fala com uma caveira. É na primeira cena do quinto acto de *Hamlet*. O príncipe e o seu amigo Horácio estão a passar por um cemitério e vêem um coveiro a trabalhar. É um espectáculo macabro porque, enquanto ele abre uma sepultura, os ossos dos antigos ocupantes vão rolando para fora. Hamlet comenta:

> Aquela caveira teve uma língua lá dentro, e soube em tempos cantar. Olha como este vilão a deita ao chão, como se fosse a queixada de Caim, que foi o primeiro homicida. Isto podia ser a cabeça de um político, de quem este patego se mostra agora superior, alguém que foi capaz de até Deus tornear, não podia?
> [...]
> Ou de alguém da corte, que sabia dizer "Bom dia, meu caro amo. Como passais, querido senhor?". Podia ser

D. Fulano-de-tal que elogiou a montada de D. Sicrano-
-de-tal, quando tencionava pedir-lha, não podia?*

Chocado com o que está a ver, Hamlet vai falar com
o coveiro, que a certa altura lhe diz:

[…] Vede esta caveira que aqui jaz há vinte e três anos.

HAMLET
De quem é?

COVEIRO
De um fideputa amalucado. De quem pensais que é?

HAMLET
Não sei dizer-vos.

COVEIRO
Que a peste coma este sacana aluado! Deitou-me uma
vez pela cabeça abaixo uma garrafa de vinho do Reno.
Esta caveira que vedes, senhor, é a caveira de Yorick, o
bobo do Rei.

---

* Tradução e notas de António M. Feijó (Relógio D'Água, 2015).

Hamlet pega na caveira e diz:

> Ah, pobre Yorick! Eu conheci-o, Horácio, uma pessoa de infinita graça, da mais fina fantasia. Mil vezes às costas me levou, e agora — que abominável me é isto à ideia. Faz-se-me um nó na garganta. Daqui pendiam os lábios que um ror de vezes beijei. Onde estão agora as suas galhofas e cabriolas, aquelas cantigas e assomos de chacota, que costumavam lançar toda a mesa num tumulto? Não há agora ninguém que zombe do teu sorriso? Ficaste de queixo à banda? Vai agora até à câmara de uma dama e diz-lhe que, pinte-se ela com pó espesso de um dedo, com essa tua figura se há-de finar. Fá-la rir disso. [...]

Não sei se Hamlet está a ser sincero ou sarcástico, mas esta é a melhor definição que eu conheço do trabalho do humorista. Fazer com que as pessoas se riam da seguinte ideia: por mais que façam, vão morrer. Há quem pergunte, provavelmente bem: para que é que isso serve? Não tenho a certeza de saber responder. Cito um poema muito famoso de Philip Larkin, chamado "Aubade":*

---

* Uma tradução do poema de Larkin para o português pode ser

Sobre uma coisa engraçada   191

I work all day, and get half-drunk at night.
Waking at four to soundless dark, I stare.
In time the curtain-edges will grow light.
Till then I see what's really always there
Unresting death, a whole day nearer now,
Making all thought impossible but how
And where and when I shall myself die.
Arid interrogation: yet the dread
Of dying, and being dead,
Flashes afresh to hold and horrify.

The mind blanks at the glare. Not in remorse
— The good not done, the love not given, time
Torn off unused — nor wretchedly because
An only life can take so long to climb
Clear of its wrong beginnings, and may never;
But at the total emptiness for ever,
The sure extinction that we travel to
And shall be lost in always. Not to be here,

---

lida aqui: alipiocorreia.wordpress.com/2013/07/16/alguns-poemas-de-philip-larkin-ingles-portugues/. (N.E.B.)

Not to be anywhere,
And soon; nothing more terrible, nothing more true.

This is a special way of being afraid
No trick dispels. Religion used to try,
That vast moth-eaten musical brocade
Created to pretend we never die,
And specious stuff that says
No rational being
Can fear a thing it will not feel, not seeing
That this is what we fear — no sight, no sound,
No touch or taste or smell, nothing to think with,
Nothing to love or link with,
The anaesthetic from which none come round.

And so it stays just on the edge of vision,
A small unfocused blur, a standing chill
That slows each impulse down to indecision.
Most things may never happen: this one will,
And realisation of it rages out
In furnace-fear when we are caught without
People or drink. Courage is no good:
It means not scaring others. Being brave
Lets no one off the grave.
Death is no different whined at than withstood.

Slowly light strengthens, and the room takes shape.
It stands plain as a wardrobe, what we know,
Have always known, know that we can't escape,
Yet can't accept. One side will have to go.
Meanwhile telephones crouch, getting ready to ring
In locked-up offices, and all the uncaring
Intricate rented world begins to rouse.
The sky is white as clay, with no sun.
Work has to be done.
Postmen like doctors go from house to house.

Há várias coisas que me interessam neste poema. A palavra "afraid" (com medo) aparece uma vez, e "fear" (medo), três vezes — a última das quais sob a forma "furnace-fear" (medo-fornalha). Mas talvez a resposta à pergunta que formulei há pouco esteja nestes versos:

Courage is no good:
It means not scaring others. Being brave
Lets no one off the grave.
Death is no different whined at than withstood.

Não há dúvida de que a coragem não isenta ninguém da sepultura, e de que a morte não é diferente para os que a temem ou para os que a enfrentam e lhe resistem.

Certo. Todos morrem. A morte não é diferente. Mas talvez a vida seja. Talvez a vida seja mais vida para quem é capaz de se rir da morte do que para quem a teme.

336

good; very [beautiful], very sad.

WHEN I have f...
　Before my pen...
Before high-pilèd...
　Hold like full ga...
When I behold, up...
　Huge cloudy sym...
And feel that I ma...
　Their shadows,...
And when I feel,...
　That I shall...
Never have re...
　Of unref...
Of the...

CAPÍTULO XIV

SOBRE COISAS LEVES E PESADAS

Em que o autor discorre chatamente sobre vários poemas, um dos quais fala de gás engarrafado. Depois, concentra-se num soneto em que toda a gente é aldrabona, o que parece indicar que a própria vida é uma aldrabice.

Começo por avisar que vou ensaiar uma teoria. Já sei que, quando alguém ensaia uma teoria, há sempre um desmancha-prazeres que tenta contestá-la, apontar-lhe fragilidades, inconsistências, excepções. Não me interessa. A teoria é esta: na epopeia, nós saímos de casa e vamos matar gente de outras famílias; na tragédia, ficamos em casa a matar gente da nossa família; na comédia, não saímos do quarto e ficamos sobretudo a pensar na nossa própria morte. Não sair do quarto é aqui uma metáfora. Serve para dizer que o herói cómico está preocupado principalmente consigo mesmo, com o seu corpo e com a sua vida. Num poema intitulado "Survivor" [Sobrevivente], o poeta inglês Roger McGough diz o seguinte:

> *Everyday,*
> *I think about dying.*
> *About disease, starvation,*
> *violence, terrorism, war,*
> *the end of the world.*
>
> *It helps*
> *keep my mind off things.*

Ou seja, mais ou menos isto: "Todos os dias,/ Eu penso sobre a morte./ Sobre doença, fome,/ violência, terrorismo, guerra,/ o fim do mundo.// Isso ajuda--me/ a não pensar nos problemas". É um exercício que eu recomendo. Pensar na morte, sobretudo na minha, anima muito o meu dia. Como se sabe, tudo o que é bom acaba, e é provavelmente por isso que é bom — o que significa que a vida é melhor por causa da morte. Por uma razão qualquer, a morte costuma ser entendida como um tema grande, mas aqui o poeta trata-a como se fosse um assunto mais comezinho. A comédia tende a tratar de assuntos grandes como se fossem comezinhos, e de assuntos comezinhos como se fossem grandes. Alexandre O'Neill repreende os poetas que só se preocupam com os temas grandes e descuram os comezinhos. Acho que o faz por considerar que há alguma grandeza no que é pequeno e, digamos, uma certa banalidade no que é grande. É um poema que se chama "O transporte do gás engarrafado":

Fernandes, a transportadora, bem gostava
de não encontrar, logo à primeira, o cliente.
De cada vez-garrafa ela cobrava
vinte e oito e seiscentos, minha gente!

*Passeava a garrafa, consoante o utente
em sua residência se encontrava ou não
(ou a transportadora dizia que era ausente);
e assim, de cada vez, Fernandes facturava,
vinte e oito e seiscentos, salvo erro ou omissão.*

*Por seu turno, o usuário protestava
contra os atrasos da distribuição.
Que sim! Que sim! Que estava sempre gente em casa!
E olhava, desolado, esquentador, fogão.*

*Somava e seguia sobre rodas
a Fernandes, que as sabia todas,
e a Cidla, até às vezes lhe pagava
mais do que recebia pela garrafa.*

*Entretanto, trabalhadores tomaram
a situação em mão
e a distribuição do gás já repensaram
para bem da população.*

*Que faz do meu país o baladeiro audaz?
Canta raivas, amores... Porque não canta o gás,
Mais a Fernandes e a distribuição?*

É possível, no entanto, "cantar amores" de um modo que talvez cumpra os requisitos da proposta estética de Alexandre O'Neill. É o caso, acho eu, do poema "Quadrilha", de Carlos Drummond de Andrade:

João amava Teresa que amava Raimundo
que amava Maria que amava Joaquim que amava Lili
que não amava ninguém.
João foi pra os Estados Unidos, Teresa para o convento,
Raimundo morreu de desastre, Maria ficou para tia,
Joaquim suicidou-se e Lili casou com J. Pinto Fernandes
que não tinha entrado na história.

Assim como O'Neill incluiu no poema a prosaica marca de gás Cidla, Drummond de Andrade introduziu, nesta complicada história de amor, a personagem J. Pinto Fernandes, que, sendo embora uma pessoa, tem nome de marca. Encontramos este mesmo tom — a que talvez possamos chamar descerimonioso — num poema de Mário-Henrique Leiria sobre outro grande tema. Chama-se "A família":

Vamos à pesca
disse o pai
para os três filhos

vamos à pesca do esturjão
nada melhor do que pescar
para conservar
a união familiar
a mãe deu-lhe razão
e preparou
sem mais detença
um bom farnel
sopa de couves com feijão
para ir também
à pescaria do esturjão
e a mãe e o pai
e os três filhos
foram à pesca
do esturjão
todos atentos
satisfeitíssimos
que bom pescar
o esturjão!
que bom comer
o belo farnel
sopa de couves com feijão!
e foi então
que apanharam
um magnífico esturjão

que logo quiseram
ali fritar
mas enganaram-se na fritada
e zás fritaram o velho pai
apetitoso
muito melhor
mais saboroso
do que o esturjão

vamos pra casa
disse o esturjão.

Outra especialista em falar de coisas solenes de uma forma menos reverente do que estamos à espera é Adília Lopes. Dou como exemplo o poema "Prémios e comentários":

A avó Zé e a tia Paulina
deram-me os parabéns
e disseram:
agora já é uma senhora!
a Maria disse-me parabéns porquê?
é uma porcaria!
quanto a comentários
a poesia e a menarca
são parecidas

*Em 72 recebi
o prémio literário
dos pensos rápidos Band-Aid
o prémio foi uma bicicleta
às vezes penso
que me deram uma bicicleta
para eu cair
e ter de comprar pensos rápidos
Band-Aid
é o que penso dos prémios literários
em geral*

Mas hoje gostaria de me dedicar mais demoradamente a um poema de Fernando Pessoa. Na verdade, para ser mais preciso, o poema é de Álvaro de Campos. Chama-se "Soneto já antigo":

*Olha, Daisy, quando eu morrer tu hás-de
Dizer aos meus amigos aí de Londres,
Que embora não o sintas, tu escondes
A grande dor da minha morte. Irás de*

*Londres p'ra York, onde nasceste (dizes —
Que eu nada que tu digas acredito...)*

Contar àquele pobre rapazito
Que me deu tantas horas tão felizes

(Embora não o saibas) que morri.
Mesmo ele, a quem eu tanto julguei amar,
Nada se importará. Depois vai dar

A notícia a essa estranha Cecily
Que acreditava que eu seria grande...
Raios partam a vida e quem lá ande!...

A primeira coisa que me interessa no poema é o título: soneto já antigo. Porquê soneto? Porquê já? E porquê antigo? Porquê chamar soneto a um soneto? Parece uma diligência inútil. E porquê dizer do poema que é "já antigo"? "Já antigo" é uma curiosa formulação portuguesa que junta a palavra "já", que exprime imediatismo, e "antigo", que indica velhice. Qual é a diferença entre um soneto antigo e um soneto já antigo? A diferença não está na idade do soneto, está na atitude que quem fala adopta em relação ao soneto. "Este soneto é antigo" é uma simples constatação de facto. "Este soneto é já antigo" exprime algum desencanto. Como se disséssemos: a derrota a que este soneto se refere não é uma novidade, eu já a conheço há muito.

Outra coisa interessante é esta: parece-me que o soneto está a fingir que não é um soneto. Primeiro, porque começa com as palavras "olha, Daisy", que encontramos mais facilmente num bilhete, ou até num recado oral, do que num soneto. E as rimas da primeira quadra são, digamos, displicentes, como se o objectivo não fosse rimar, como se o poeta estivesse a falar distraidamente e, sem querer, rimasse. "Tu hás-de" rima com "Irás de", que é o início da frase "Irás de Londres p'ra York". E o último verso é "Raios partam a vida e quem lá ande!...", que também parece mais um desabafo do que um decassílabo. Todos conhecemos o poema em que Pessoa diz que o poeta é um fingidor, mas agora parece que estamos perante um caso em que o poema é um fingidor. É um soneto que finge que não é um soneto, e talvez seja por isso que é necessário chamar-lhe soneto, pôr a palavra soneto no título, para que se perceba que, apesar do seu esforço de dissimulação, é de um soneto que estamos a falar. Isso é importante porque todo o poema é sobre dissimulação. A primeira quadra é um pedido para que alguém leve a cabo uma burla: "Olha, Daisy, quando eu morrer tu hás-de/ Dizer aos meus amigos aí de Londres,/ Que embora não o sintas, tu escondes/ A grande dor da minha morte". É uma missão estranha para entregar a alguém. A primeira preocupação de quem fala é que esta Daisy engane os seus amigos de Londres. Não lhe pede que finja que sente a grande dor da sua morte, pede-lhe que finja que esconde a grande dor da sua morte. É uma espécie de bolo de bolacha de logro. Tem várias camadas. Ela não deve apenas fingir que sente o que não sente. Deve fingir que esconde que sente o que não sente. A missão continua: "Irás de// Londres p'ra York, onde nasceste (dizes —/ Que eu nada que tu digas acredito…)". Ou seja, a pessoa a quem o poeta pede que engane os seus amigos de Londres engana-o a ele — tanto que ele não acredita em nada do que ela diz. Parece uma boa ideia, entregar a tarefa de enganar os outros a uma pessoa que é, ao que parece, especialista em enganar. Por outro lado, também é um último recurso desesperado: confiar uma missão importante a uma pessoa que não é de confiança. Continuemos: "Contar àquele pobre rapazito/ Que me deu tantas horas tão felizes/ (Embora não o saibas) […]". Este "embora não o saibas" parece esconder nova impostura. Ela não o sabe porque ele lho escondeu. E "embora não o saibas" é um contraponto perfeitamente simétrico do "embora não o sintas" da primeira quadra. O primeiro ("embora não o sintas") é uma agressão dela, que não sente a dor da morte dele; o segundo ("embora não o saibas") é uma vingança dele, que lhe escondeu um facto importante. Próximos versos: "Mesmo ele, a quem eu tanto julguei amar,/ Nada se importará". Aqui há novo engano. O verso não diz "quem eu tanto amei", diz "quem eu tanto julguei amar". A voz que fala julgou amar este rapazito — e enganou-se. E, uma vez que o rapazito nada se importará com a sua morte, é possível que também o tenha enganado. Nos versos seguintes ("[...] Depois vai dar// A notícia a essa estranha Cecily/ Que acreditava que eu seria grande...") percebemos que a Cecily também estava enganada. Acreditava que ele seria grande, o que evidentemente não se verificou. E termina dizendo "Raios partam a vida e quem lá ande!...", sugerindo não só que a vida é um sítio (e mal frequentado), mas também que é um sítio em que ele já não está. Resumindo: trata-se de alguém que pretende enganar os seus amigos de Londres com a ajuda de uma Daisy que enganou e por quem foi enganado, há um rapazito acerca do qual ele se enganou e uma Cecily que se enganou acerca dele. A vida deve tê-lo enganado também, e o próprio poema parece interessado em enganar-nos. Da pessoa que assina o poema, um tal Álvaro de Campos, também poderíamos dizer que é um logro, uma vez que tecnicamente não existe, o que faz do poema um logro em cadeia. É como se

Sobre coisas leves e pesadas 209

alguém manipulasse um títere, que por sua vez manipula outros títeres, que manipulam outros títeres. Um Fernando manipula um Álvaro, que manipula uma Daisy, que manipula uns amigos de Londres, e assim sucessivamente, e tudo acontece num poema que nos está a tentar manipular a nós. Talvez um bom resumo do poema sejam as frases "Olha, Daisy, raios partam a vida e quem lá ande", mas também "Olha, Petrarca, raios partam os sonetos e quem os escreva".

Há um poema de Keats que começa com *"When I have fears that I may cease to be"* (qualquer coisa como "quando me ocorre o medo de deixar de existir") e acaba com os versos *"on the shore/ Of the wide world I stand alone, and think/ Till love and fame to nothingness do sink"* [na margem/ Do vasto mundo eu fico sozinho, e penso/ Até que o amor e a fama se somem em nada]. Se calhar estou sugestionando, mas parece-me que há aqui uma desolação parecida com a do "Soneto já antigo". A Casa Fernando Pessoa digitalizou a biblioteca pessoal do poeta.* Entre os livros que lá se encontram está *The Poetical Works of John Keats*, que Pessoa terá ganho como prémio quando lhe foi

---

* Disponível aqui: bibliotecaparticular.casafernandopessoa.pt/8-294.

atribuído o Queen Victoria Memorial Prize, em 1903, aos quinze anos. Na página 336 está o poema "When I have fears that I may cease to be" [Quando tenho medo de deixar de existir], e os últimos versos estão sublinhados. À margem, Pessoa escreveu: *"good; very painful, very sad"*. "Bom. Muito doloroso. Muito triste."

Talvez as estratégias ostensivamente humorísticas do "Soneto já antigo" sejam uma forma de abordar o mesmo assunto fazendo com que ele, não deixando de ser igualmente triste, possa ser um pouco menos doloroso.

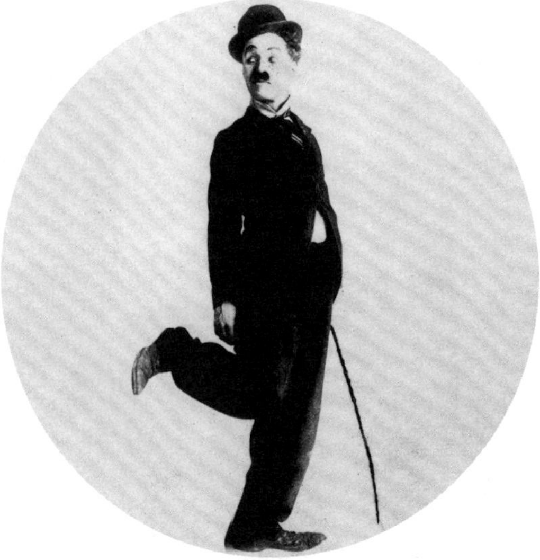

CAPÍTULO XV

SOBRE O MEU CORPO

Em que o autor discorre chatamente sobre a graça de cair. Faz referência a dois grandes comediantes do século XX que achavam piada a estar em apuros. Cita um escritor espanhol que enumera várias maneiras de andar.

Slapstick é um utensílio que, como o próprio nome indica, é feito de madeira e produz o som de uma bofetada. E é também, por metonímia, o nome de um determinado tipo de comédia no qual são frequentes, acima de quaisquer outras, duas ocorrências: cair e levar uma chapada na cara. A queda clássica costuma ser precedida de um escorregão numa casca de banana, e a cara que leva a chapada pode ser atingida pela mão ou, melhor ainda, por uma tarte. Uma chapada com a mão produz um susto e um barulho, mas a tarte de nata garante que a humilhação perdura um pouco mais: pelo menos o tempo que leva a limpar. É um bom pretexto para perguntar o que será tão sedutor na queda e na chapada. A queda tem conotações religiosas, e por isso talvez seja impossível ver uma casca de banana sem pensar em Adão e Eva (embora a queda seja deplorada na religião e celebrada na comédia). E a chapada acerta na cara, que é uma espécie de símbolo da pessoa a que pertence. Ofendendo a cara, ofende-se o indivíduo todo.

Jerry Lewis disse uma vez: "Não sei se tenho uma teoria cuidadosamente pensada sobre o que faz as pessoas rirem, mas a premissa de toda a comédia é um homem em sarilhos". Umas décadas antes, em 1918, num ensaio importante chamado "The Comic

Side of Trouble" [O lado cómico dos sarilhos], Bert Williams diz: "Uma das imagens mais engraçadas do mundo é um homem cujo chapéu lhe saiu da cabeça, ou ficou arruinado por ter sido levado pelo vento — desde que, claro, o chapéu não seja o nosso". Mas acrescenta logo a seguir: "O homem que tem verdadeiro sentido de humor é o que tem a capacidade de se pôr no lugar do espectador [de si próprio] e rir do seu próprio infortúnio". E conclui:

> Só quando fui capaz de me ver a mim mesmo como outra pessoa é que o meu sentido de humor se desenvolveu. Porque não acredito que exista algo como sentido de humor inato. Tem de ser desenvolvido com estudo e trabalho árduo, tal como qualquer outra qualidade humana.

Em 1918, ficar sem chapéu tinha mais graça do que em 2023. O chapéu era outra maneira de dizer dignidade. Por isso é que rimos quando, nos filmes do início do século XX, alguém apanha o chapéu do chão, depois de ele ter sido esmagado por um automóvel, por exemplo, e volta a pô-lo na cabeça, como se ele estivesse intacto. Talvez seja uma boa definição de comédia: tentar convencer os outros de que a dignidade destroçada se mantém intacta.

Cair é uma boa maneira de destroçar a dignidade, e é provavelmente por isso que os cómicos caem muitas vezes. Não sei com que frequência Jerry Lewis terá caído, mas a queda que deu no dia 20 de março de 1965, durante uma actuação no *The Andy Williams Show*, causou-lhe uma lesão da qual nunca mais haveria de recuperar. Dessa vez, a queda foi involuntária, mas toda a gente pensou que era propositada. "Afinal", diz Lewis numa autobiografia, "eu tinha passado uns bons 25 anos a cair nos palcos."

Num livro chamado *La risa caníbal* [O riso canibal], o escritor espanhol Andrés Barba faz uma observação interessante sobre o corpo dos comediantes. Diz ele: "A vida do cómico nasce, precisamente, pelo mais elementar, por onde começa qualquer vida humana: aprender a caminhar". E depois enumera os cómicos com modos de andar peculiares: Cantinflas, Jacques Tati em *Meu tio*, John Cleese em *The Ministry of the Silly Walks* [O ministério das caminhadas tolas], ou Groucho Marx, em quem o modo de andar é, ainda mais do que nos outros, a manifestação de um modo de ser. Cito Barba:

> É difícil imaginar uma maneira de andar mais apropriada para a personagem que ele representou durante toda a vida: furtivo, dialéctico, elástico, esquivo, mentiroso,

constantemente à espreita. Groucho parece mergulhar ao caminhar de uma maneira completamente dissimulada, dando grandes passadas, com o olhar fixo e os ombros encolhidos, para surgir subitamente onde deseja materializar-se de maneira inesperada. Groucho não respira enquanto caminha, e o mundo por onde ele se move [...] é um mundo denso pelo qual é preciso caminhar agachado, escondido como se fosse um predador ou, melhor ainda, como se estivesse permanentemente a fugir da justiça. Groucho tem o andar dos criminosos porque na realidade é um burlão, um embusteiro que tenta confundir os outros com palavras de cujo verdadeiro significado ele mesmo duvida; e quando não consegue, não lhe resta outra opção senão desaparecer, agachar-se e fugir.

Barba regista ainda a quantidade de vezes em que o passo cómico parodia o passo militar: Benny Hill, os Monty Python, Sacha Baron Cohen em *O ditador*, Roberto Benigni em *A vida é bela*, sempre que a sua personagem quer fazer rir o filho.

Mas o andar cómico mais célebre de todos é, provavelmente, o de Chaplin.* Não sei o que é que Chaplin

---

* Disponível aqui: youtube.com/watch?v=Svih1oEdWe4.

descobriu quando inventou aquele modo de andar, mas é indiscutível que descobriu qualquer coisa extraordinária. Tão extraordinária que levou o mundo à loucura. Havia concursos para premiar o melhor imitador da maneira de andar de Chaplin. E havia também canções especificamente dedicadas ao tema, como "Charlie Chaplin Walk", "That Charlie Chaplin Walk" e "They All Do the Charlie Chaplin Walk".

Todos, ou quase todos, os grandes cómicos do cinema mudo tinham feito o seu tirocínio nos espectáculos de *vaudeville* — um parente americano do nosso teatro de revista. É possível que a obsessão dos cómicos pelo acto de cair revele o desejo de transmitir a seguinte ideia: a queda não é assim tão trágica, a dor não é assim tão assustadora. E o mais interessante talvez seja o facto de essa ideia só se obter através deste paradoxo: normalmente, os cómicos que exibem as limitações do corpo são os que têm maior habilidade física. A queda mais cómica só está ao alcance do acrobata mais apto. O corpo mais trapalhão tem de ser forçosamente o corpo mais ágil. Ou seja, o cómico esforça-se para ser o mais competente a falhar. Ele é, em resumo, o melhor a ser o pior. Eis uma boa definição.

BIBLIOGRAFIA

CAPÍTULO I | SOBRE ISTO

Etimologías, de santo Isidoro de Sevilha, ed. de José Oroz Reta e Manuel-A. Marcos Casquero (Madrid: Biblioteca de Autores Cristianos, 2018).

Lectures on Rhetoric and Belles Letres, de Hugh Blair, ed. de Linda Ferreira-Buckley e S. Michael Halloran (Carbondale: Southern Illinois University Press, 2005).

Encyclopédie, de Jean Le Rond d'Alembert e Denis Diderot, vol. 8 (Paris: 1751-1772), disponível em: enccre.academie-sciences.fr/encyclopedie.

[Ed. bras.: *Enciclopédia completa*, org. de Pedro Paulo Pimenta e Maria das Graças de Souza. São Paulo: Editora Unesp, 2018. 6 vols.]

Dicionário filosófico, de François-Marie Arouet Voltaire, trad. de José Domingos Morais (Lisboa: Sistema Solar, 2014).

[Ed. bras.: *Dicionário filosófico*. Trad. de Ivone C. Benedetti. São Paulo: WMF Martins Fontes, 2020.]

"Enjoy Yourself (It's Later Than You Think)", The Specials. Música: Herb Magidson; letra: Carl Sigman.

Memórias póstumas de Brás Cubas, de Machado de Assis (Lisboa: Tinta-da-china, 2023).

[Ed. bras.: *Memórias póstumas de Brás Cubas*. São Paulo: Penguin-Companhia, 2014.]

Luciano, de Luciano de Samosáta, trad. de Custódio Magueijo (Coimbra: Imprensa da Universidade de Coimbra, 2012). 9 vols. Disponível em: digitalis.uc.pt.

[Ed. bras.: *Diálogo dos mortos*. Org. e trad. de Henrique G. Murachco. São Paulo: Edusp; Palas Athena, 2007.]

Edições anotadas dos romances e contos de Machado de Assis disponíveis em: machadodeassis.net.

CAPÍTULO II | SOBRE MEDO

O nome da rosa, de Umberto Eco. Trad. de Maria Celeste Pinto (Lisboa: Difel, 1990).

[Ed. bras.: *O nome da rosa*. Trad. de Homero Freitas de Andrade e Aurora Fornoni Bernardini. São Paulo: Record, 2019.]

Medusa: Solving the Mistery of the Gorgon, de Stephen Wilk (Oxford: Oxford University Press, 2000).

O riso e o risível: na história do pensamento, de Verena Alberti (Rio de Janeiro: Jorge Zahar Editor, 2002).

CAPÍTULO III | SOBRE XIXI E COCÓ

Gargântua & Pantagruel, Vol. 1, de François Rabelais, trad. de Manuel de Freitas (Lisboa: E-primatur, 2023).
[Ed. bras.: *O primeiro livro: A vida muito horrífica do grande Gargântua, pai de Pantagruel.* Trad. de Élide Valarini Oliver. Campinas: Editora Unicamp, 2022.]
The Facetiae, de Giovanni Francesco Poggio Bracciolini, trad. de Bernhard J. Hurwood (Nova Iorque: Award Books, 1968).
On Farting: Language and Laughter in the Middle Ages, de Valerie Allen (Londres: Palgrave Macmillan, 2007).
Studia Patristica, Vol. LXXIV — Including Papers Presented at the Fifth British Patristics Conference, Londres, 3-5 de setembro de 2014, ed. de M. Vinzent e A. Brent (Lovaina: Peeters, 2016).
Studia Patristica, Vol. XCVI — Papers Presented at the Seventeenth International Conference on Patristic Studies Held in Oxford 2015: Vol. 22, ed. de Markus Vinzent (Lovaina: Peeters, 2017).

CAPÍTULO IV | SOBRE COZINHAR BEBÉS

Singela proposta e outros textos satíricos, de Jonathan Swift, trad. de Paulo Faria (Lisboa: Antígona, 2013).

[Ed. bras.: *Modesta proposta: E outros textos satíricos*. Trad. de José Oscar de Almeida Marques e Dorothée de Bruchard. São Paulo: Editora Unesp, 2005.]
Jonathan Swift and Popular Culture: Myth, Media, and the Man, de Ann Cline Kelly (Londres: Palgrave, 2002).

CAPÍTULO V | SOBRE UMA COISA IMPORTANTÍSSIMA
QUE NINGUÉM SABE BEM O QUE É

Zen in the Art of Writing: Essays on Creativity, de Ray Bradbury (Santa Barbara: Joshua Odell Editions, 1994).
[Ed. bras.: *Zen na arte da escrita*. Trad. de Petê Rissatti. Rio de Janeiro: Biblioteca Azul, 2020.]
Ora, como eu dizia, de John Cleese, trad. de Manuel Santos Marques (Lisboa: Planeta, 2015).
Born Standing Up: A Comic's Life, de Steve Martin (Nova Iorque: Scribner, 2008).
Hello, I Must Be Going: Groucho and His Friends, de Charlotte Chandler (Nova Iorque: Simon & Schuster, 1978).
And Here's the Kicker: Conversations with 25 Top Humor Writers on their Craft, de Mike Sacks (Des Moines: Writer's Digest Books, 2009).
Jack Benny and the Golden Age of the Radio Comedy, de Kathryn H. Fuller-Seeley (Califórnia: University of California Press, 2017).

"Timing in the Performance of Jokes", de Salvatore Attardo e Lucy Pickering, *Humor: International Journal of Research*, Nova Iorque, 2011. Disponível em: digitalcommons.tamuc.edu/chssa-faculty-publications/8/.

Cannibalism in the Cars: And Other Humorous Sketches, de Mark Twain (Chicago: Prion, 2000).

A causa das coisas, Miguel Esteves Cardoso (Lisboa: Bertrand, 2021).

CAPÍTULO VI | SOBRE MOSCAS

Luciano, de Luciano de Samósata, trad. de Custódio Magueijo (Coimbra: Imprensa da Universidade de Coimbra, 2012, 9 vols.). Disponível em: digitalis.uc.pt.

Candy is Dandy: The Best of Ogden Nash, de Ogden Nash (Londres: André Deutsch Ltd., 1994).

Movimiento perpetuo, de Augusto Monterroso (Cidade do México: Ediciones Era, 2012).

[Ed. bras.: *Obras completas (e outros contos)*. Trad. de Lucas Lazzaretti. São Paulo: Mundaréu, 2021.]

Dietario voluble, de Enrique Vila-Matas (Barcelona: Anagrama, 2008).

The Fly Trap, de Fredrik Sjöberg, trad. de Thomas Teal (Londres: Penguin, 2014).

"Collecting Insects in Sweden", de Andrew Brown, *Literary Review*, Londres, julho de 2014. Disponível em: literaryreview.co.uk/collecting-insects-in-sweden.

Ilíada, de Homero, trad. de Frederico Lourenço (Lisboa: Quetzal, 2019).

[Ed. bras.: *Ilíada*. Trad. de Frederico Lourenço. São Paulo: Penguin-Companhia, 2013.]

Ao longe os barcos de flores: Poesia portuguesa do século XX, org. de Gastão Cruz (Lisboa: Assírio & Alvim, 2004).

CAPÍTULO VII | SOBRE BATER EM HUMORISTAS

The Nazi Joke Courts, de Nat Schmulowitz (São Francisco: Edição de autor, 1943).

"Nobel Lecture", de Dario Fo. Disponível em: nobelprize.org/prizes/literature/1997/fo/lecture.

O bom soldado Švejk, de Jaroslav Hašek, trad. de Lumir Nahodil (Lisboa: Tinta-da-china, 2017).

[Ed. bras.: *As aventuras do bom soldado Švejk*. Trad. de Luís Carlos Cabral. São Paulo: Alfaguara, 2014.]

Fools Are Everywhere: The Court Jester Around the World, de Beatrice K. Otto (Chicago: The University of Chicago Press, 2001).

It's Only a Joke, Comrade! Humour, Trust and Everyday Life under Stalin, de Jonathan Waterlow (Oxford: CreateSpace, 2018).

Humor and Rumor in the Post-Soviet Authoritarian State, de
 Anastasiya Astapova (Maryland: Lexington Books, 2021).
Le Lambeau, de Philippe Lançon (Paris: Gallimard, 2018).
 [Ed. bras.: *O retalho*. Trad. de Julia da Rosa Simões. São
 Paulo: Todavia, 2020.]

CAPÍTULO VIII | SOBRE POLÍTICOS E PALHAÇOS

Henrique IV, de William Shakespeare, trad. e notas de Gualter
 Cunha (Lisboa: Relógio D'Água, 2013).
 [Ed. bras.: *Henrique IV parte 1 e Henrique IV parte 2*. In: *Grandes
 obras de Shakespeare*. Trad. de Barbara Heliodora. vol. 2: Peças
 históricas inglesas. Rio de Janeiro: Nova Fronteira, 2022.]

CAPÍTULO IX | SOBRE ESSES MALANDROS

Diogenes the Cynic: Sayings and Anecdotes with Other Popular Moralists, de Diógenes, coord. de Robin Hard (Oxford: Oxford
 University Press, 2012).
The Pleasantries of the Incredible Mulla Nasrudin, de Idries Shah
 (Londres: Penguin Compass, 1993).
The Exploits of the Incomparable, de Mulla Nasrudin (Londres:
 The Octagon Press, 1999).

The Subtleties of the Inimitable, de Mulla Nasrudin (Londres: The Octagon Press, 1999).

CAPÍTULO X | SOBRE RIR DE TUDO E RIR DE NADA

Jacques, o fatalista, e o seu amo, de Denis Diderot, trad. de Pedro Tamen (Lisboa: Tinta-da-china, 2009).
[Ed. bras.: *Diderot, obras IV: Jacques, o fatalista, e seu amo*. Trad. de J. Guinsburg. São Paulo: Perspectiva, 2006.]
As regras monásticas, de São Basílio Magno, trad. de Hildegardis Pasch e Ir. Helena Nagem Assad (Petrópolis: Editora Vozes, 1983).
The Violent Effigy: A Study of Dickens' Imagination, de John Carey (Londres: Faber & Faber, 1991).
Reduto quase final, de Dinis Machado (Lisboa: Bertrand Editora, 1989).

CAPÍTULO XI | SOBRE PUGILISMO

O riso, de Henri Bergson, trad. de Miguel Serras Pereira (Lisboa: Relógio D'Água, 2019).
[Ed. bras.: *O riso*. Trad. de Maria Adriana Camargo Cappello. São Paulo: Edipro, 2018.]
On Boxing, de Joyce Carol Oates (Nova Iorque: Harper Collins, 2006).

CAPÍTULO XII | SOBRE VIAGRA ESPIRITUAL

Risus paschalis: El fundamento teológico del placer sexual, de Maria Caterina Jacobelli (Madrid: Planeta, 1991).
Bíblia: Antigo Testamento, Os livros sapienciais, trad. de Frederico Lourenço. Vol. 4, tomo 2 (Lisboa: Quetzal, 2019).
[Ed. bras.: *Bíblia: Antigo testamento. Os livros sapienciais*. Trad. e adapt. de Frederico Lourenço. vol. 4. São Paulo: Companhia das Letras, 2024.]

CAPÍTULO XIII | SOBRE UMA COISA ENGRAÇADA QUE ME ACONTECEU A CAMINHO DA SEPULTURA

Of Corpse: Death and Humor in Folkore and Popular Culture, coord. de Peter Narváe (Salt Lake City: Utah State University Press, 2003).
A Funny Thing Happened to Me on My Way to the Grave, de Jack Douglas (Nova Iorque: Pocket Books, 1977).
Hamlet, de William Shakespeare, trad. e notas de António M. Feijó (Lisboa: Relógio D'Água, 2015).
[Ed. bras.: *Hamlet*. Trad. de Lawrence Flores Pereira. São Paulo: Penguin-Companhia, 2015.]

CAPÍTULO XIV | SOBRE COISAS LEVES E PESADAS

Dobra, de Adília Lopes (Lisboa: Assírio & Alvim, 2021).
[Ed. bras.: *Dobra: Poesia reunida*. São Paulo: Assírio & Alvim, 2024.]
Poesias completas & dispersos, de Alexandre O'Neill (Lisboa: Assírio & Alvim, 2022).
Ficção, de Mário-Henrique Leiria (Lisboa: E-Primatur, 2017).
Collected Poems, de Roger McGough (Londres: Penguin Books, 2004).
Obra completa, de Álvaro de Campos (Lisboa: Tinta-da-china, 2014).
[Ed. bras.: *Obra completa de Álvaro de Campos*. São Paulo: Tinta-da-China Brasil, 2015.]
Poesia completa, de Carlos Drummond de Andrade (Rio de Janeiro: Editora Nova Fronteira, 2007).

CAPÍTULO XV | SOBRE O MEU CORPO

La risa caníbal: Humor, pensamiento cínico y poder, de Andrés Barba (Buenos Aires: Fiordo, 2017).
Dean & Me: A Love Story, de Jerry Lewis e James Kaplan (Nova Iorque: Doubleday, 2005).

CRÉDITO DAS IMAGENS

(p. 10) *Machado de Assis*, 1884. Fotografia de Joaquim Insley Pacheco e Marc Ferrez. Fundação Biblioteca Nacional.

(p. 26) *Minerva Entregando Seu Escudo para Perseu*, 1697. Óleo sobre tela de René-Antoine Houasse. Coleção do Palácio de Versalhes/ The Athenaeum/Reprodução.

(p. 42) Ilustração de Gustave Doré para a edição russa de *Pantagruel*, 1901. Biblioteca Nacional da Rússia/Reprodução.

(p. 52) Ilustração de balança pesando bebê, sem data. Escaneada do dicionário ilustrado *Lello universal: dicionário encyclopédico luso-brasileiro em 4 volumes*, organizado e publicado pela Livraria Lello, v. 3.

(p. 66) Representação de onomatopeia da HQ *Four Favorites*, 1942, volume 8, página 31. Reprodução.

(p. 82) Papel pega mosca "Sure Catch", 1853. Washington, D.C., Biblioteca do Congresso/Reprodução.

(p. 92) Will Smith desferindo um tapa em Chris Rock durante a cerimônia de premiação do Oscar, 2022. Fotografia de Neilson Barnard. Getty Images.

(p. 108) *Boar's Head Tavern: Prince Hal, Falstaff and Poins*, 1825-40. Gravura de Charles Heath sobre arte de Robert Smirke. The Metropolitan Museum of Art.

(p. 130) *Nasreddin Hodja*, 1753. Guache em pergaminho, autor desconhecido. Coleção privada/Reprodução.

(p. 142) *Deadpool*, personagem do universo da Marvel. Disney XD/Getty Images.

(p. 162) Capa da revista *El Gráfico*, edição 2914 de 13 de agosto de 1975. Reprodução.

(p. 174) *Les Antiquités judaïques*, 1410-20. Iluminura incluída no manuscrito de Flavius Josèphe. Biblioteca Nacional da França.

(p. 182) *Hamlet and Horatio in the Graveyard*, 1839. Óleo sobre tela de Eugène Delacroix. Museu do Louvre/Reprodução.

(p. 196) Anotação de Fernando Pessoa no livro *The Poetical Works of John Keats*, 1882. Casa Fernando Pessoa.

(p. 212) *Charlie Chaplin*, sem data. Autoria desconhecida. Getty Images.

(p. 234) Ricardo Araújo Pereira, 2022. Fotografia de Karime Xavier. Folhapress.

Todos os esforços foram feitos para reconhecer os direitos das imagens neste livro. A editora Tinta-da-China Brasil agradece todo contato para nos informar dados incompletos nesta edição, e se compromete a incluí-los nas futuras reimpressões.

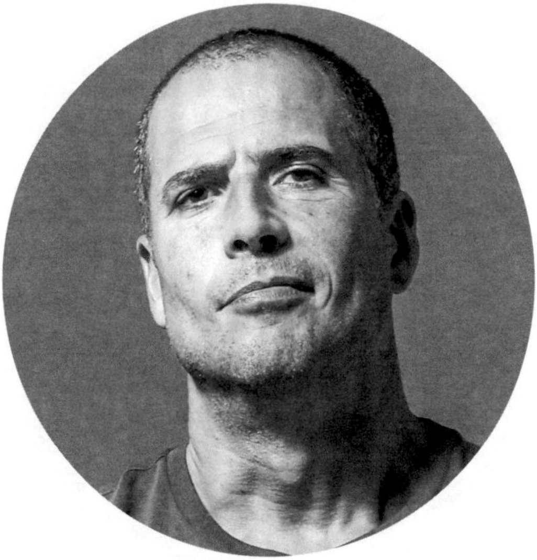

SOBRE O AUTOR

RICARDO ARAÚJO PEREIRA (Lisboa, 1974) é licenciado em comunicação social pela Universidade Católica Portuguesa, e começou a carreira como jornalista no *Jornal de Letras*. É roteirista desde 1998. Em 2003, com Miguel Góis, Zé Diogo Quintela e Tiago Dores, formou o grupo de humor Gato Fedorento. Escreve semanalmente no *Expresso* (Portugal) e na *Folha de S.Paulo* e é um dos integrantes do *Programa Cujo Nome Estamos Legalmente Impedidos de Dizer* (SIC Notícias). É autor, com Cátia Domingues, Cláudio Almeida, Guilherme Fonseca, Joana Marques, Manuel Cardoso, Miguel Góis e Zé Diogo Quintela, e apresentador de *Isto É Gozar com Quem Trabalha* (SIC). Criou e apresenta o podcast *Coisa Que Não Edifica nem Destrói* (SIC), que deu origem a este livro. Pela Tinta-da-China Brasil, publicou ainda *Se não entenderes eu conto de novo, pá* (2012), *A doença, o sofrimento e a morte entram num bar* (2017) e *Estar vivo machuca* (2022). Coordena a coleção Literatura de Humor da Tinta-da-china Portugal, editora que publicou, além desses, os livros de crónicas *Boca do Inferno* (2007), *Novas crónicas da Boca do Inferno* (Grande Prémio de Crónica APE 2009), *A chama imensa* (2010), *Novíssimas crónicas da Boca do Inferno* (2013), *Reaccionário com dois cês* (2017), *Idiotas úteis e inúteis* (2020) e *Ideias concretas sobre vagas* (2022), além dos volumes de *Mixórdia de temáticas*, que reúnem os roteiros do programa de rádio. É o sócio nº 12.049 do Sport Lisboa e Benfica.

Coisa que não edifica nem destrói foi originalmente escrito para o podcast homónimo do canal português SIC. Ouça o podcast pelo QR code.

© Ricardo Araújo Pereira, 2025

Esta edição segue a ortografia vigente em Portugal antes do Novo Acordo Ortográfico da Língua Portuguesa

1ª edição: março de 2025, 2 mil exemplares

EDIÇÃO Tinta-da-China Brasil
REVISÃO Tamara Sender • Karina Okamoto
COMPOSIÇÃO Isadora Bertholdo
ICONOGRAFIA Beatriz F. Mello • Gioavanna Farah
 Sophia Ferreira
CAPA Isadora Bertholdo sobre projeto original de Vera Tavares

TINTA-DA-CHINA BRASIL
DIREÇÃO GERAL Paulo Werneck • Victor Feffer (assistente)
DIREÇÃO EXECUTIVA Mariana Shiraiwa
DIREÇÃO DE MARKETING E NEGÓCIOS Cléia Magalhães
EDITORA EXECUTIVA Sofia Mariutti
ASSISTENTE EDITORIAL Sophia Ferreira
COORDENADORA DE ARTE Isadora Bertholdo
DESIGN Giovanna Farah • Beatriz F. Mello (assistente)
 Sofia Caruso (estagiária)
COMUNICAÇÃO Clarissa Bongiovanni • Yolanda Frutuoso
 Livia Magalhães (assistente)
COMERCIAL Lais Silvestre • Leandro Valente
ADMINISTRATIVO Karen Garcia • Joyce Bezerra (assistente)
ATENDIMENTO Victoria Storace

Todos os direitos desta edição reservados à Tinta-da-China Brasil/Associação Quatro Cinco Um

Largo do Arouche, 161, SL2 República • São Paulo • SP • Brasil
editora@tintadachina.com.br • tintadachina.com.br

DADOS INTERNACIONAIS DE CATALOGAÇÃO NA PUBLICAÇÃO (CIP)
DE ACORDO COM ISBD

P436c   Pereira, Ricardo Araújo
          Coisa que não edifica nem destrói / Ricardo Araújo Pereira.
         - São Paulo : Tinta-da-China Brasil, 2025.
         240 p. : il. ; 13cm x 18,5cm.

         Inclui bibliografia.
         ISBN 978-65-84835-37-5

         1. Literatura Portuguesa. 2. Ensaio. 3. Humor. I. Titulo.

	CDD 869
2025-36	CDU 821.134.3

Elaborado por Odilio Hilario Moreira Junior - CRB-8/9949

ÍNDICE PARA CATÁLOGO SISTEMÁTICO

1. Literatura Portuguesa 869
2. Literatura Portuguesa 821.134.3

A PRIMEIRA EDIÇÃO DESTE LIVRO FOI APOIADA PELA
DIREÇÃO-GERAL DO LIVRO E DAS BIBLIOTECAS — DGLAB
SECRETARIA DE ESTADO DA CULTURA — PORTUGAL

Coisa que não edifica nem destrói foi composto
em Adobe Caslon Pro, impresso em papel
Golden 78g, na Ipsis, em fevereiro de 2025